U0050440

SeaEagle

SeaEagle

SeaEagle

SeaEagle

鑽石之地

Acres of Diamonds

一場價值數百萬美元的傳奇演講！

演講史上，超過6,000場次的奇蹟！

50本「最偉大的成功書」之一，改變1,300萬人的財富觀念！

讓你的工作和生活獲得成功的「鑽石理論」：再也不會有其他地方，比你現在所處的地方更有機會！

很多事情比金錢更重要，
致富卻是你唯一的選擇！

Russell Herman Conwell
羅素・康維爾◎著
劉麗◎譯

關於《鑽石之地》

朋友們，進行演講之前，我會做以下幾件事情：

首先，我會盡可能早地到達要參觀的城鎮，以便拜訪郵政局長、理髮師、旅店老闆、校長、牧師，然後進入一些工廠和商店，與人們交談，深入瞭解這個城鎮的具體情況，它的歷史、境遇，以及曾經有過的失敗，每個城鎮都有失敗之處。

之後，我再去演講，與人們針對當地的話題進行探討。

正如《鑽石之地》這本書中一貫的思想：在我們的國家，每個人借助自己的本事、熱情、朋友，都有機會在更廣闊的天地有所作為（這裡呈現給讀者的是最新的，也是最完整的演講。演講地費城，康維爾博士的家鄉。他說：「就在這裡費城」的時候，是指本書讀者們家鄉的城市、城鎮、鄉村，正如他在你們那裡演講的時候會使用其名，而不

一場價值數百萬美元的傳奇演講！

會採用以下的方式一樣）。

羅素・赫爾曼・康維爾

關於作者

羅素・赫爾曼・康維爾所做的「鑽石之地」演講，遍布美國。隨著時間的流逝，人們對它的喜愛與日俱增，它的價值也日益被重視。人們把它印製成書，所以它擁有成千上萬尋求致富之路的讀者。

與這些鑽石同樣可貴的是：書中一個關於「寶石大師」畢生工作的迷人故事，它讓我們看到一個人在一天之中可以有何種作為，一生對於世界又會創造何種價值，進而充分說明人類具有的最根本的原動力。

在費城的三十年裡，我一直是作者的鄰居和摯友。坦白說，高大、英俊的羅素・赫爾曼・康維爾稱得上是賓夕法尼亞州的頭號公民，是該州七百萬人的「大哥」。

在事業開始之初，他在「市政工程董事會」看到《聖經・新約》寓言中一段真實又震撼人心的話語：「假如你只是一粒芥子，只要不失去信念，就沒有不可能做到的事情。就像你對高山說：『搬到那裡』，它就會真的搬走一樣。」

康維爾做過校長、律師、牧師、組織者、思想家、作家、演說家、教育家、外交官，以其巨大的成就聞名於世。他雖然已經逝世，但是其美好的品格永存。

他的思想和理想，以及對工作的熱情，鼓舞成千上萬的人，《鑽石之地》表現出一個才華不凡的人的巨大活力，這樣的書正是每個年輕人喜愛的。

羅伯特・沙克爾頓　一九一五年

一場價值數百萬美元的傳奇演講！

「鑽石之地」故事（代序）

整體而論，康維爾的精彩生活中，最傑出的就是其「鑽石之地」的演講，無論是演講本身、場次、給人們的巨大鼓舞，還是他從中獲得的金錢，以及這些錢的用途。圍繞「鑽石之地」而產生的一切，以及其取得的巨大成功，都表現出一種積極向上的精神，也顯示康維爾博士的個性、理想、能力。

這個演講表現出康維爾博士的活力、熱情、智慧，也反映出他的遠大理想：每個人都有可能成功。「鑽石之地」的演講已經舉辦五千多場，聽眾有增無減。

康維爾在年輕的時候，曾經有一段痛苦的經歷。一天晚上，他向我談起這些往事，回憶遙遠的過去，他的聲音越來越低。他說，在耶魯大學求學的那段日子，因為沒有錢上大學，他承受巨大的痛苦；為了賺到更多的錢，他忍受巨大的羞辱。之所以痛苦，不是因為工作的艱苦，他一直甘願做艱苦的工作。也不是因為貧窮和困難，困難可以克服，他也樂觀對待貧窮。讓他難以忍受的痛苦是人身羞辱，甚至在過了半個多世紀以後，回憶起那些羞辱，他還是會感到痛苦。然而，這些羞辱卻促使他創造一個奇蹟。

「我那個時候就決定，」他說，「只要可以讓年輕人上大學更容易，無論做什麼，我都願意。」

於是，從很多年以前，他就開始把從「鑽石之地」演講中賺來的每一分錢投入這個明確的目標中。他有一份所謂的「等候名單」，這份名單中的人，他瞭解的很少，因為他很忙，無法親自去做大量調查。大多數的名字都是由大學校長提供，他們知道自己的學校有哪些學生需要得到幫助。

我請他講述這件事情，他說：「我演講結束得到支票的每個夜晚，都會在旅店的房間裡坐下來（多麼孤獨的情景，簡直成為工具），扣除工作實際需要的開支以後，將餘額開出支票，寄給名單上的某個青年。我總是另外附上一封建議和鼓勵信，希望可以幫到這個青年，並且告訴他，只要對自己負責就可以，不必對我負責，這也是我自己努力讓每個青年認識到的。我對他們說，我希望今後他們比我做得更多。不要覺得我提出的建議很多，」他面帶微笑地補充，「我只是想要讓他們知道，有一個朋友正在極力幫助他們。」

他說這些話的時候，面露欣喜之色：「這件事情真有魅力，就像是一次冒險！把信寄出去以後，我就會把那個名字從名單上劃掉，然後準備幫助下一個人！」

稍停片刻以後，他又說：「我不想給任何青年寄去足夠的錢，幫他承擔全部費用，只是不想讓他們承受痛苦，因此每張支票對他們的幫助有限。再者，」他最後說，「我也不想讓他們完全依賴我！」

康維爾告訴我，他不期望從幫助青年這件畢生需要進行的事情中得到任何回報，因為那樣需要花費大量時間去觀察和思考，以及讀寫信件。「但是主要原因，」他繼續說，「是我不希望讓他們的心裡有對誰負責的想法。」

我指出這是把麵包丟到河裡，是有去無回（麵包丟到河裡，喻指真心行善不望回報）的例子。他沉思一會兒，然後若有所思地說：「一個人年紀大了，就會為做過某件事情而感到滿足。他覺得麵包在自己付出的過程中，已經收回來了。」

他的秘書告訴我，在最近一次經過明尼蘇達州的途中，康維爾遇見一件令其感到不安的事情：火車上，有一個透過「鑽石之地」得到幫助的青年認出康維爾，發現他真的是康維爾博士以後，熱切地把妻子叫來，對康維爾給予的資助千恩萬謝。這對夫妻激動不已，使得康維爾博士有些無可奈何。

用高尚的康維爾博士的話說，這個演講是在幫助「每個懷有崇高意願並且決定從事有益而光榮的職業之男女」，這是一個幫助別人的演講。這個演講用康維爾的聲音、表情、舉止表達出來，更是充滿魅力，演講本身又是多麼真誠！

他的演講富有靈感、令人深思和深受啟發。他要去數千個地方演講，並且根據當地情況做出調整，但是出發點是一致的。許多人即使已經知道說的是老故事，也會一次又一次地去聽康維爾的演講。康維爾風趣地說，有些人已經聽過他的演講二十次！

演講開始的時候，康維爾說了一個故事，那是他與一個老阿拉伯人一起去尼尼微的時候聽到的。聽他講述的時候，彷彿在聽那個老阿拉伯人口述一般，似乎可以看到荒蕪的沙漠和搖晃的棕櫚樹。他的聲音如此從容自然，以十分平常的口氣將故事娓娓道來，然而整個場景卻立刻在人們的腦海中浮現出來！聽眾似乎著了魔似的，想要繼續聽下去，隨他一同歡樂或是一同沉寂。他具有一種控制力，這是演說家不可缺少的才華。

人們會一次又一次地去聽他的演講，這是對康維爾最好的獎賞。最近，我聽過他在自己的教堂裡進行這個演講，人們大概會認為那是老生常談，只有幾個忠誠的聽眾會去聽。但是事實顯示，他的聽眾很忠誠，因為聽眾很多，巨大的教堂裡幾乎座無虛席。需要補充一點，儘管是在他自己的教堂裡演講，也並非是免費的，每個人都要支付昂貴的門票費——入場費總是可以檢驗出人們聽演講的真心。許多人被這股潮流感染，好像無論是演講者還是演講本身，都讓他們感興趣。演講記錄閱讀起來也很好，但是只有親耳聽過康維爾生動的演講，才會明白它帶來的巨大影響。

那天晚上，康維爾像多年以前的首次演講那樣，按部就班地進行演講，不隨時間和地點的變化而改變。隨著演講的深入，雖然演講內容和多年以前一樣，但是聽眾們還是像每次聽演講那樣，發出陣陣笑聲。儘管他極力帶領聽眾們回憶往事，但是為了演講的生動活潑，也需要引入新的事物，因此他經常舉出一些最近的例子，就像汽車在當時是一個新生事物。

最近，我又聽了他的第五千一百二十四場演講。太可怕了，這個數字真是讓人難以置信，五千一百二十四場！我注意到，這次是在一個比較偏遠的地方舉行演講，那裡很難有很多聽眾，我無法預測會有多少人去聽演講，他們又會留下怎樣的印象。於是，我去聽了這場演講，那裡距離我暫住的地方只有幾英里。由於道路隱蔽，因此我猜想聽眾可能寥寥無幾，但是我到達的時候發現，那座他即將發表演講、可以容納八百三十個人的教堂已經全部坐滿，而且後面還站了很多人，他們是從數英里之外趕來的。如果是因為廣告宣傳的作用，實際上這個演講沒有進行任何宣傳，只是人們相互詢問：「你不去聽康維爾博士演講嗎？」演講的消息就傳遍四方。

當時，那些聽眾是如此著迷，在演講中，他們熱切地回應康維爾。他們覺得在一條岔路旁的教堂裡聽到一場精彩的演講，本身就值得自豪和開心。我瞭解到，每個聽眾都受到演講的激勵，決定要為自己和別人做些什麼，他們之中很多人會付諸行動。人們不止一次感歎康維爾是如此富有影響力啊！

他也是一個大公無私的人！儘管年事已高，身體又有病痛，但是他沒有縮短演講的時間，只演講一個小時或是勉強堅持一個半小時。康維爾看到自己的演講使人們著迷、受到鼓舞，就會忘記病痛和時間，忘記現在已經是深夜，忘記他還有長途跋涉趕回家，慷慨大方地一講就是兩個小時！然而，這無法讓聽眾滿足，人們都希望可以再聽他講兩個小時。

他的談吐輕鬆自然，很容易引人共鳴。他的演講親切、沉著、幽默，經常說一些輕鬆的玩笑，但是這樣不會使聽眾忘記他是一個無比認真的人。他們要麼一同歡笑，要麼全神貫注、鴉雀無聲。聽眾的表情一致，或嚴肅、或驚訝、或覺得有趣、或下定決心。康維爾時而冷靜，時而充滿熱情，讓人感到他就是一個既認真又熱情的男人；說到一些滑稽的事情，他會發出一種克制的笑聲，這是他對事件本身溫和地表示欣賞，不會讓人覺得他是在為自己的幽默發笑，而是因為與人們共同分享這件趣事發笑。

從這個演講中獲得的啟示，讓許多人獲得成功。你會經常聽到一些受到康維爾的啟示而獲得成功的故事，但不僅僅只是這些。最近，康維爾博士親口說出幾個例子，其中有一個農民小夥子，他經過長途跋涉來聽康維爾博士的演講。後來，這個男孩（現在已經是一個大男人）寫信告訴康維爾，在回家的路上，他深入思考如何發展自己這件事情，還沒有回到家裡，就聽說某所鄉村小學需要一位教師。他明白自己還不能勝任教書這個職位，但是他有信心可以透過學習，勝任這份工作，於是他勇敢地去申請這個工作。憑著真誠，他得到一個臨時職位，白天教書，業餘時間努力地工作學習，幾個月以後，他正式成為一位教師。「如今，」康維爾突然說（博士喜歡忽略中間過程，只談論事情重要的開端及滿意的結果），「那個年輕人已經成為一位大學校長。」

最近，一位女士來找康維爾博士，她說自己的丈夫曾經收入可觀而且聲名顯赫，但是在花錢方面過於慷慨大方，以致經常生活拮据。後來，他們花了幾百美元買下一塊農場，作為鄉下的住處。

她聽過演講以後曾經自嘲：「這個地方是什麼鑽石之地？」但是後來，她在那塊土地上發現異常優質的泉水，這在買下它的時候根本不知道。康維爾的演講使她受到巨大的鼓舞，因此她把泉水拿去分析，發現它純潔無比，就開始將泉水裝瓶，標上商品名稱，作為特種泉水出售，她現在正在賺錢。此外，她在冬季會從池子裡切割出純冰拿來出售，這一切都是因為聽了康維爾的「鑽石之地」！

從這個演講中，康維爾總共賺了幾百萬美元。這很讓人驚訝，但是瞭解到他這一生做了哪些善事，你會更驚訝，因為他賺錢不是為了自己，而是為了幫助別人。康維爾透過這個演講，給人們鼓舞和激勵，認識到這種精神上的幫助大於直接用錢給予的幫助，無論在思想上還是言談中，你都會對他大加稱讚。他總是希望幫助那些精神不振、生活消沉的人，主張人們應該不斷嘗試自我改進、自我提升。

去年，即一九一四年，他以及他的工作受到人們高度的重視。由於這個獨特的演講即將進行到第五千場，因此朋友們計畫慶祝這個世界上最受歡迎的演講在其發展歷程中的一個意義重大的數字。康維爾博士在費城的音樂學院舉行這場演講，當時不僅校內有許多聽眾，而且校外的街上也擠滿人群。第五千場演講的收入，總計超過九千美元。

在他的家鄉，康維爾博士不僅受到許多熱切聽眾的歡迎，也受到負責這次慶祝活動

一場價值數百萬美元的傳奇演講！

的本地委員會以及全國委員會的尊敬，全國委員會的成員中有九位州長，從這個事實即可看出，康維爾博士憑其所做的一切，贏得舉國上下的喜愛。最讓康維爾感到榮幸的是賓夕法尼亞州州長到場，並且親自授予他一把「自由州民權」的鑰匙。

是的，這個七十多歲的人贏得「自由州民權」的榮譽。「自由州民權」頒發給這個樂於助人的人，這個關於成功信念的傑出代表，他為了人們的自由、改良、解放、發展，完成驚人非凡的工作！

羅伯特・沙克爾頓

目錄

錢生錢，勝過人生錢——富人喜歡投資

只選對的，不選貴的——富人看趨勢賺錢

讓你的工作和生活獲得成功的「鑽石理論」：
再也不會有其他地方，比你現在所處的地方更有機會！

鑽石之地——財富就在你身邊

很多年以前，我和一隊英國旅行者沿著底格里斯河及幼發拉底河順流而下。我們在巴格達雇請一個阿拉伯老嚮導，這個嚮導在某些精神特徵上與我們很相似。他認為自己不僅有責任帶領我們沿河而下，這是他應該做的事情，因為我們付給他報酬；而且還用一些稀奇古怪的故事讓我們開心，這些故事有古代的和現代的，有我們熟悉的和不熟悉的。這些故事，大多數我已經忘記，我也不覺得可惜，但是有一個故事，我永遠難忘。

老嚮導拉著韁繩牽引我的駱駝，沿著那條古老的河流向前走去，不停地說著一個又一個的故事，直到我聽得厭煩了，不想再聽他說。於是，老嚮導發脾氣了，但是我沒有生氣。我記得，他脫下頭上的土耳其帽用力揮著，以引起我的注意。我從眼角瞥見他這樣，但是下定決心不看他，擔心他又會藉此再說一個故事。但是我的內心不夠堅定，最終還是又看了他一下，結果他真的又開始說起一個故事。

他說：「現在，我說一個只給特殊朋友聽的故事。」

他強調「特殊朋友」的時候，我就開始傾聽，事後我為自己這樣做感到高興。我真的由衷地感激他，因為有一千六百七十四個年輕人正是受到這個演講的鼓舞而念完大學，他們也為我當時聽了那個故事而高興。

老嚮導告訴我，從前距離印度河不遠，住著一個年老的波斯人，名叫阿里・哈菲德。阿里・哈菲德擁有一個很大的農場，其中有果園、農地、花園，依靠利息也可以賺到錢。他是一個富有的人，也因為富有而感到滿足。一天，有一個年高德劭的佛教僧人拜訪這個波斯農夫，這個僧人算得上東方的一位賢明之士。他在爐火旁坐下，為這個年老的農夫解說這個世界是如何形成的。他說，這個世界曾經只是一團濃霧，佛把手伸入霧中，開始的時候慢慢轉動，然後速度越來越快，最後把濃霧旋轉成一個實心火球。火球旋轉著在宇宙中穿梭，一路燃燒著穿過其他濃霧。在這個過程中，外部的濕氣開始濃縮，最後以大雨的形式，澆灌在這個火球酷熱的表面上，外部因此冷卻。內在的火焰噴發而出，形成我們這個美妙世界裡的許多大山小山、山谷、平原、草原。假如內在的熔岩噴出以後很快冷卻，就會變成花崗石；假如冷卻的速度慢一些就會變成銅，再慢一些變成銀，再慢一些變成金，其後變成鑽石。

只聽老僧人說：「鑽石是陽光凝結以後掉下的物質。」從科學的角度說，鑽石確實來自太陽上的碳素沉積物。老僧人對阿里・哈菲德說，如果他有一顆拇指般大的鑽石，就可以買下整個縣；如果他有一礦山的鑽石，就可以憑著這個巨大財富，讓自己的孩子全部登上寶座。

阿里・哈菲德聽了關於鑽石的情況以後，明白它們非常值錢，睡覺的時候，覺得自己是貧窮的。他沒有失去什麼，之所以感到貧窮，是因為他不滿足，之所以不滿足，是因為他害怕自己貧窮。於是，他說：「我想要一礦山的鑽石。」他徹夜難眠了。

次日清晨，他就去找僧人，憑著經驗，我知道僧人清晨被吵醒是非常生氣的。阿里・哈菲德把老僧人從睡夢中搖醒，問道：

「請你告訴我，在哪裡可以找到鑽石？」

「鑽石！你要鑽石做什麼？」

「唉，我想要變得非常富有。」

「唔，那麼，去尋找它們吧！你只要去尋找，就會得到它們。」

「可是我不知道去哪裡尋找。」

「哦，如果你可以找到一條穿過白色沙灘和高山的河流，就會在那些沙灘裡找到鑽石。」

「我覺得，根本沒有這樣的河流。」

「唔，有的，有很多。你只要去尋找，就會找到它們。」

阿里．哈菲德說：「我願意去。」

於是，他賣掉農場，帶著一些錢，把家人託付給一個鄰居，就去尋找鑽石了。他從「月亮山脈」出發（我認為這樣很正確），進入巴勒斯坦，又流浪到歐洲，最後把所有錢花光，變得衣衫襤褸，窮困潦倒。他站在西班牙巴塞隆納海灣岸邊，突然看到一股巨浪捲入赫拉克勒斯墩中間，這個貧窮痛苦、備受折磨、奄奄一息的人，無法抵擋那種巨大誘惑，縱身跳入翻滾的浪潮中，從此再也沒有出現。

老嚮導說完這個極其悲哀的故事以後，停下我騎著的駱駝，把另一隻駱駝上的行李固定好，我趁機思考他說的故事。我問自己：「為什麼他只把這個故事說給『特殊朋友』聽？」故事似乎沒有開頭、沒有過程、也沒有結局，似乎什麼也沒有。主角一開始就死了，我從未聽過這樣的故事，這是我聽到的第一個這樣的故事。只聽到故事的第一章，主角就死了。

老嚮導回來以後，拿起駱駝的韁繩，繼續說故事的第二章，好像根本沒有中斷過。

他說，買下阿里・哈菲德農場的那個男人，有一天把駱駝牽到花園去飲水，就在駱駝把鼻子伸入花園中的淺溪裡，那個男人注意到小溪的白沙灘裡閃現出一種奇異的光芒。他取起一塊石頭，那塊石頭反射出五彩繽紛的色彩。他把這塊石頭帶回家，放在火爐的壁爐架上，以後就把它忘記了。

幾天以後，那位老僧人又來拜訪阿里・哈菲德農場，他打開客廳的門，就看見壁爐架上閃耀著光芒的那塊石頭，急忙衝上去，大聲叫道：「這不是一塊鑽石嗎？阿里・哈菲德回來了嗎？」「哦，沒有，阿里・哈菲德還沒有回來，那也不是鑽石，只是我們在花園裡發現的一塊石頭。」「可是，」老僧人說，「我看見它就知道它是鑽石。我可以肯定，這是一塊鑽石。」

接著，他們一起衝進那個老花園，用手刨開白沙子。瞧啊！又出現一些更美麗貴重的寶石。「於是，」嚮導對我說（朋友們，歷史上確有其事），「他們發現人類歷史上一流的戈爾康達鑽石礦，它甚至勝過了金伯利礦。英國和俄國王冠寶石用的世界上最大的科伊諾爾鑽石和奧洛夫鑽石，就是來自於此礦。」

這個老阿拉伯嚮導講述完故事的第二章，又取下頭上的土耳其帽揮舞起來，以便讓我注意到故事的寓意。那些阿拉伯嚮導喜歡讓他們的故事包含寓意，雖然它們並非總是如此。他一邊揮舞帽子，一邊對我說：「假如阿里・哈菲德不出去，在自己的地窖裡、麥田下、花園中挖掘，他就會找到『鑽石之地』，也不會陷入悲慘處境，忍饑挨餓，最終在異國他鄉自殺。因為那個古老農場的每一塊土地，甚至每鏟一下，都可以發現用於裝飾君主王冠的寶石。」

他在講述故事寓意的時候，我就明白他為什麼只把這個故事說給「特殊朋友」聽，但是我沒有告訴他，我已經明白這一點。這個聰明的老阿拉伯人就像一個律師，不敢直說的話就會繞著圈子說，例如：「他私下認為，曾經有一個年輕人沿著底格里斯河旅行，這個年輕人不如待在美國自己的家裡。」我沒有告訴他，我已經明白他的寓意，而是說起另一個故事，一個啟發老阿拉伯嚮導的故事。於是，我對他以及在座的諸位講述這個故事。

故事是這樣的：一八四七年，在加州有一個男人，他擁有一個農場。他聽說人們在加州南部發現金子，他也渴望得到金子，因此把農場賣給夏特上校以後，就去尋找金子，從此再也沒有回來。夏特上校在穿過農場的小溪上建造磨坊，有一天，他的小女兒把一些水溝裡的濕沙帶回家，在爐火前用手指玩弄這些沙子。此時，家裡一個客人從落下的沙子中，看見閃光的真金碎屑，這些真金碎屑和加州首次發現的一樣！那個擁有農場的人想要金子，本來只要在農場裡挖掘就可以得到。而且，自從發現真金碎屑以後，人們只從很少的幾塊土地裡，就獲得三千八百萬美元的財富。大約八年以前，我在那個農場附近的城市發表演講的時候，瞭解到一位佔股份三分之一的農場主多年以來，財富一直以每十五分鐘收入一百二十美元的速度增加，無論他是睡著還是醒著，而且不必繳納任何稅金。我們也可能擁有那樣的收入，如果不必繳納所得稅。

但是正確說來，更好的例子就發生在我們的賓夕法尼亞州。如果在講台上我還有什麼更喜歡的事情，那就是找一個德國聽眾上來，向他連珠炮似地提出問題，今天晚上我很樂意這樣做。在賓夕法尼亞州曾經有一個人，他與你們見過的一些賓夕法尼亞人一樣：擁有一個農場，他把它賣掉了，我也會這樣做，如果我在賓夕法尼亞州有一個農場。但是在賣掉農場之前，他決定先得到一份替表哥採集煤油的工作，他的表哥在加拿大從事此項職業，他們在這個大陸流動的溪水中，首先發現燃料油。於是，這個農場主寫信給表哥，要求得到這份工作。瞧，朋友們，這個農場主絕非傻瓜。沒有找到其他事情做之前，他不會賣掉自己的農場。在所有的傻瓜中，我還沒有聽過有誰傻到沒有找到新工作就丟掉自己的工作。這對於我的職業有重要的參考價值，但是對於決定要離婚的人沒有任何意義。他寫信向表哥求職的時候，表哥回答：「我不能雇用你，因為你對煤油生意一無所知。」

瞧，此時農場主說：「我會瞭解的。」於是，他憑藉極高的熱情（這是天普大學學生的特點），開始學習煤油這門學科。他從上帝創造世界的次日開始鑽研，那個時候，世界上的植被濃密茂盛，後來轉化為原始的煤炭礦床。他研究這門學科，瞭解到正是那些豐富的煤礦排出的液體提供值得抽取的煤油，然後又知道煤油如何隨著泉水流出。透過學習，他知道煤油的形態和氣味以及煉製方法。此時，他寫信對表哥說：「我已經瞭解煤油這門生意。」他的表哥回答：「好的，你來吧！」

根據縣志，他以八百三十三美元賣掉農場。他剛離開農場，新的農場主安排僕人讓牲畜飲水。他發現先前的農場主在過去數年裡，把一塊厚木板橫放在穀倉後的小溪上，木板豎著放入水中只有幾英寸，似乎是為了把某種東西擋住，否則牲畜嗅也不嗅一下，會到下方飲水。因此，那個去加拿大的人二十三年以來，一直把大量煤油擋在一邊。十年以後，美國賓夕法尼亞州的地質學家宣布，那些煤油即使在當時也價值一億美元。四年以前，地質學家又宣布此項發現價值高達十億美元。現在，那片土地上已經建成泰特斯維爾市，曾經擁有它和「快樂谷」的那個人，從上帝創造世界的第二天就開始研究煤油這門學科，一直研究到完全掌握它，但是只以八百三十三美元把這片土地賣掉了。我再說一遍，那真是「無知」。

但是，我還要舉出另一個例子，是在麻薩諸塞州得到的，我很遺憾，因為我來自那裡。故事中的麻薩諸塞州年輕人，讓我產生另一個想法。他在耶魯大學修習礦藏及採礦科系，並且成為精通本科系的採礦工程師，因此被學校聘請來教導無法跟上進度的學生。在高年級的時候，他每個星期可以賺十五美元，畢業的時候，學校把他的薪水提高到四十五美元，並且升遷他為教授。可是他卻選擇離開學校，回到母親的身邊。

假如學校把他的薪水從十五美元加到十五・六美元，他反而會留下，並且為自己的職位自豪；可是學校加到四十五美元，他對母親說：「媽媽，我不想做一個星期四十五美元的工作。想想看，像我這種頭腦的人，一個星期才賺四十五美元！我們去加州吧，用立樁標出金礦和銀礦。那個時候，我們會變得非常富有。」

母親回答：「查理，與其過得富有，不如過得幸福。」

「沒錯，」查理說：「可是為什麼不既富有又幸福？」

母子倆的話都對，誰也沒有錯。由於他是獨子，母親又是寡婦，所以就按照他的意願去做，事情總是這樣。

他們把麻薩諸塞州的家產變賣之後，去了威斯康辛州而不是加州。他再次以每個星期十五美元的薪水被高級銅礦採業公司聘用，但是在他的合約中有一個附帶條件，即在被公司發現的任何礦藏中，他應該佔有一定的股份。我不相信他發現過什麼礦藏，假如我盯著那個銅礦公司任何一個股東的面容，你們就會希望他發現什麼了。我有一些由於買不起門票無法來聽演講的朋友，就在那個年輕人受雇於公司的時候，他們還佔有股份。這個年輕人去了那裡，我沒有聽到他的任何消息。我不知道他怎樣了，也不知道他是否發現礦藏，但是我不相信他發現了。

但是，我卻知道事情的另一面。

年輕人剛離開自己老家的時候，接管的人就來到這裡挖馬鈴薯，他買下這塊土地的時候，馬鈴薯已經在生長。這個老農夫把一籃馬鈴薯帶回屋裡的時候，籃子被卡在石頭圍牆縫裡。麻薩諸塞州的農地幾乎都用石牆圍著，前門總是很窄小，因為要留出一些地方放石頭。由於籃子被卡得很緊，他就把它放在地上，用力拉著它的兩邊往前走。此時，農夫注意到大門旁邊那個石牆的上角和外角裡，有一塊八英寸平方的未經提煉的銀子。可是那位精通礦藏、採礦業、礦物學的教授，因為不想做每個星期賺四十五美元的工作，把麻薩諸塞州的地產出售的時候，正好就坐在那塊銀子上談價錢。他在這塊土地上出生長大，用衣袖在那塊石頭上擦來擦去，直到它光亮得可以映照出他的面容，彷彿對他說：「這下面就有十萬美元，你儘管拿去吧！」可是他不想去拿。它就在麻薩諸塞州東北部城市紐伯里波特的一個農場裡，但是人們根本沒有想過那裡會有銀子，它們都在別處。我也不知道在哪裡，他也不知道，只知道在其他地方，他還是一位礦物學教授。

朋友們，這樣的錯誤是非常普遍的，為什麼我們要嘲笑他？我經常在想，他現在怎麼樣，可是我對他的情況一無所知。但是作為美國人，我的猜測是他今天晚上就坐在爐火旁，身邊圍著一些朋友，他正在對他們說著這樣的話：「你們認識那個住在費城的康維爾嗎？」「哦，是的，我聽說過他。」「你們又認識那個住在費城的瓊斯嗎？」「是的，我也聽說過他。」

然後，他開始笑起來，抖動著身體對朋友們說：「瞧，他們做的事情與我的完全一樣。」這不是笑話，因為你們與我做的事情與他的別無兩樣，我們坐在這裡嘲笑他的時候，他更有權利嘲笑我們。我明白自己也犯了相同的錯誤，但是這毫無關係，因為人們很難說到做到。

我今天晚上來到這裡，環顧四周，又見到五十年以來我經常看見的情景：人們都在犯著那些完全相同的錯誤。我希望可以看見更年輕的聽眾，希望今天晚上這裡坐滿國中和高中學生，這樣我就可以與他們談談。儘管我更喜歡他們那樣的聽眾，他們還沒有長大成人，最容易受到影響，沒有我們的那些偏見，習慣尚未定型，也沒有經歷過我們遭遇的失敗；儘管我可能為他們那樣的聽眾帶來比成年人更多的好處，但是我也會充分利用自己手中掌握的素材，告訴你們現在費城就有「鑽石之地」。「哎呀，」你們會說，

「如果你認為這裡有任何『鑽石之地』，就是沒有完全瞭解你的城市。」

我對報紙上關於那個年輕人在北卡羅來納州發現鑽石的報導很感興趣。那是一顆至今被發現的最純淨的鑽石，在同一個地點附近，曾經有幾位先行者探詢過。我曾經拜訪一位著名的礦物學教授，問他那些鑽石來自何處。教授找來美洲大陸的地圖，在上面尋找。他說可能來自適合出產鑽石的石炭紀岩層，這些岩層向西伸展到俄亥俄州和密西西比州，或是向東延伸至維吉尼亞州，沿著大西洋海岸而上。這些地方也有發現鑽石的事實，人們在那裡發現鑽石並且出售它，漂流時期還把這些石炭紀岩層從北部一些地區運過來。瞧，誰可以說費城的某人不會在下面什麼地方發現鑽石礦痕跡？啊，朋友們！你們不能說自己的腳下不存在世界上最大的鑽石礦，因為蘊藏鑽石的也是最有利可圖的礦藏存在於地球上的任何地方。

注意，這只是為了闡明我的想法，我才會這樣予以強調：如果你們沒有真正的鑽石礦，也擁有一切對自己有益的東西。正是如此，英國女王以其服飾而受到美國女性前所未有的盛讚，雖然她在英國最近的一次招待會上沒有戴珠寶，幾乎沒有鑽石的裝飾。如果你們要顯得端莊，只需要一些佩飾，其餘的全部換成金錢。

瞧，我再說一遍，獲得大筆金錢、走上致富之路的機會，就在今天的費城。今天晚上聽我演講的每個人都有這種機會，我說的話是真的。我不是到這個講台上向你們背誦什麼，而是要告訴你們：在上帝的眼裡，只相信真實的東西；假如我沒有虛度年華，並且獲得一些生活常識，我就知道自己做得對。

今天晚上坐在這裡的人們，也許為買一張門票或是參加這次聚會而感到困難，但是你們仍然可以到達「鑽石之地」，也有機會變得富有。這個世界上，沒有一個地方比今天的費城更適合致富；世界歷史上，從來沒有一個身無分文的窮人可以有如此多的機會，在我們現在的城市中，依靠誠實而迅速變得富有。這是真話，也希望你們相信我，因為假如只是來背誦什麼的，我寧願不來。我沒有時間可以浪費，我只是說自己相信的事情，如果今天晚上的這些話無法幫助你們變得更富有，我花費的時間就是徒勞無益。

你們應該致富，致富也是你們的責任。許多虔誠的教友對我說：「作為一位牧師，你為何要花費這麼多時間往返於全國各地，向年輕人傳授賺錢致富的經驗？」

「是的，我當然要這麼做。」我回答。

他們又問：「這不可怕嗎？為什麼你不宣講《福音》，卻告訴人們去賺錢？」

「因為正當地賺錢，就是在宣講《福音》。」這句話是有道理的，致富的人也可能是社會上最正直的人。

也許會有年輕的朋友說：「我經常聽別人說，一個人有錢以後，就會很不誠實，變得卑鄙可恥。」朋友們，正是因為如此，你才會沒有錢，你對別人懷有偏見，你那種看法是錯誤的。簡明扼要地說（雖然問題是可以討論的，只是現在時間不允許），美國九八％的富人都是正直的，他們因為正直而富有，因為正直而有錢，也因為正直而創辦大型企業，同時有許多人與之共同工作，就因為他們是正直的人。

也許另一個年輕人會說：「我聽說，一些人是依靠欺騙賺到數百萬美元。」你們聽說過，我也聽說過。可是事實上，這樣的人極少，以致報紙總是把他們當作新聞加以談論，使人們誤以為所有的有錢人都是依靠欺騙而發財。

朋友們，你們開車帶我到費城郊區，就會看到那些在這座城市郊區居住的每個家庭都有自己美麗的花園，這些花園有美妙可愛的造型。同樣地，你們會看到他們的道德品格以及冒險精神在這座城市中都是超凡出眾，你們應該知道我這樣做的目的。一個人只有在擁有家庭之後，才算得上是一個合格的人。此時，他也會變得更正直、純潔、可敬。

因為一個人有錢，甚至擁有大量的金錢，本來是一件很正常的事情。你們知道，在講台上，我們是反對貪婪的，而且抱持反對意見，言語中大量出現「不義之財」這些詞語，以致只要我們站在講台上，基督徒們就會相信任何有錢人都是邪惡的，但是他們提著籃子集資募捐的時候，卻詛咒不多給一些錢的人。唉，這是多麼矛盾的教育啊！

金錢就是權力，你們應該用充滿理智的雄心去獲得它。之所以應該，是因為有錢比沒錢可以做更多的好事。有錢才可以印出《聖經》，才可以雇請教士，如果不支付薪金，怎麼可以請到他們？我總是希望教會給我加薪，因為支付薪金最多的教會通常也是最容易加薪的，普遍如此沒有例外。一個人獲得高額薪金，就可以憑著自己的能力，做出最好的事情。只要他正確利用自己獲得的金錢，他當然可以做出最好的事情。

瞧，如果你們可以在費城正當地致富，你們就可以擁有金錢，這也是基督徒神聖的職責。有些虔誠的人認為，如果要對神虔誠，就要一貧如洗，這是一個可怕的錯誤觀念。

一些人問：「難道你不同情窮人嗎？」我當然同情，否則這些年以來，我不會到處演講。雖然同情窮人，但是我仍然堅持上述看法，需要同情的人不多。同情一個因為其罪過而受到上帝懲罰的人，並且在上帝對他進行公平處罰期間去幫助他，這是一個錯誤，我們應該幫助那些更值得幫助的人。我們同情上帝的窮人，也就是那些不能自助的人，請記住，美國沒有一個窮人不是因為自己或是別人的不足而變窮的。無論如何，貧窮不是好事，我們暫且不爭論這個吧！

此時，後面一位紳士站起來說：「你認為世界上沒有比金錢更美好的東西嗎？」當然有，但是我此時是在談論金錢，世界上確實存在高於金錢的東西。憑著自己莊嚴的職責（我獨自站在這裡的原因），我相信世界上還有比金錢更高尚、甜蜜、純潔的東西，也知道有些東西比金子更高貴更重要。愛就是世界上最崇高的東西，更幸運的是，有愛心的人大多有不少金錢。金錢是權力，金錢是力量，金錢可以做好事也可以做壞事。在好人的手裡，金錢可以而且已經做出好事。

現在，我必須講述一件事情：在本市的一次禱告會上，我看見一個男人站起來，感謝上帝讓自己是「上帝的一個窮人」。唉，不知道他的妻子作何感想？家裡的收入都是由妻子賺來的，他卻坐在陽台上抽菸，花掉妻子的工作所得。我不願意再見到這種窮人，相信上帝也不願意。這些人認為，要對上帝虔誠，就要窮得叮噹響，穿得一身髒，這是根本行不通的。我們一方面要同情窮人，另一方面也要杜絕宣講那樣的觀念。

然而，這個時代本身就帶有偏見，不允許一個基督徒（或是如同猶太人所說的一個虔誠正直的人）變得富有。我認為，這種偏見由來已久，而且相當普遍，所以我無法準確說出究竟是在哪一年，在天普大學的神學院，有一個自認為是那個系唯一虔誠的年輕學生，一天晚上走進我的辦公室在桌旁坐下，對我說：「校長先生，我認為自己有責任來和你談談。現在到底怎麼啦？我聽說你在這個學院以及皮爾斯學院的畢業典禮上說，你認為年輕人渴求致富是一種可敬的抱負，年輕人會因此變得節制並且渴求名望，進而變得勤奮。你談到一個人想要有金錢，有助於他成為好人。先生，我需要來告訴你，《聖經》上說：『金錢是萬惡之源』。」

我對他說，我從來沒有見過《聖經》裡這樣說，並且建議他去教堂，把《聖經》拿來讓我看看。於是，他出去拿《聖經》，不久之後，拿著打開的《聖經》走進辦公室，固執傲氣的模樣，就像狹隘的宗教主義者或是將自己的基督精神建立在曲解《聖經》基礎上的人那樣。他把《聖經》甩到我的桌上，尖聲對著我的耳朵說：「拿去吧，校長先生，你可以自己看看。」我說：「年輕人，等你再長大一點以後，你就會明白，不能讓另一個宗派的人替你讀《聖經》，你是屬於另一個宗派的。無論如何，在這個神學院裡，你學到的是對《聖經》的詮釋。現在，你拿著《聖經》自己讀一下，並且給予它適當的解釋，好嗎？」

他拿起《聖經》，得意地讀起來：「『愛戀金錢是萬惡之源』。」

這一次，他糾正過來了，只有一個人正確引用這本古老的《聖經》，才可以引用出絕對的真理。半個世紀以來，我經歷了圍繞《聖經》進行的最激烈的戰鬥，並且在有生之年看見它的旗幟自由飄揚，因為歷史上的偉人們普遍認為《聖經》是正確的，是完全正確的，現今的偉人們也持有同樣的觀點。

所以，我說他正確引用的時候，他就可以引用出絕對的真理。「愛戀金錢是萬惡之源。」就像想要成為暴發戶或是以不正當手段致富的人，就會落入許多陷阱。什麼是愛戀金錢？就是金錢崇拜，絕對的金錢崇拜隨時受到《聖經》和民眾的譴責。絕對崇拜金錢而不是思考合理利用它的人，總是以金錢為偶像，將它們放進地窖、藏入長襪，或是拒絕拿去投資以有利於世人，像是守財奴，把金錢抱得緊緊的，直到老鷹也會發出尖叫，在他們的身上才存在萬惡之源。

我想，現在我可以把那件事情放下了，以便回答幾乎是所有人的困惑：「在費城有機會致富嗎？」唉，瞧，發現財富在何處，是一件多麼簡單的事情，你們如果發現它在哪裡，它就是你們的。

後面的一位老先生站起來說：「康維爾先生，你在費城生活了三十一年，難道不知道在這個城市賺錢的時刻已經過去了嗎？」

「不，我不這樣認為。」

「可是事實如此，我已經試過了。」

「你做什麼生意？」

「我在這裡開了二十年的商店，賺的錢從來沒有超過一千美元。」

「唔，你可以根據這個城市給予你的報酬來衡量你帶給它的利益，因為一個人根據自己獲得的報酬，就可以判斷其自身價值，也就是此時他對於這個世界的意義。如果你二十年以來，在費城賺的錢沒有超過一千美元，不如讓人在十九年又九個月以前，把你踢出這個城市。如果一個人在費城開店，即使是非商業區街角的一家雜貨店，二十年以來賺不到至少五十萬美元，他沒有權利在費城開店。」

你會說：「現在開一家商店，五千美元也賺不到。」哦，朋友們，如果你們到四個街區去走走，用鉛筆記下人們需要什麼、你應該供應什麼，計算如果做到這些可以賺到多少利潤，你很快就會明白，財富就在你的身邊。

有人說：「你對生意一竅不通，說教的人完全不瞭解生意。」唔，我不得不證明，對於做生意，我是一個內行人。我不喜歡這樣做，卻不得不這樣，否則我的陳述就會沒有人接受。我的父親曾經在鄉下開了一家店鋪，如果天底下有什麼地方可以讓人們體驗到各種各樣的商業交易，那就是鄉下的店鋪。我不認為自己有這種經歷值得得意，但是父親有時候必須離開就會讓我管理店鋪，雖然這種情況不算太多。可是以下的事情，確實出現過很多次。朋友們：一個男人走進店鋪，問我：「有折疊刀嗎？」「沒有，沒有折疊刀。」我回答，然後哼著曲調走到一邊。不管怎樣，我不在乎那個人做什麼。之後，另一個農夫走進來問：「有折疊刀嗎？」「沒有，沒有折疊刀。」我回答，又哼著曲調轉身走開了。然後，第三個男人從同一扇門走進來，問：「有折疊刀嗎？」「沒有。唉，為什麼這裡的每個人都在問折疊刀？你以為我們開這個店鋪就是為了給附近的人供應折疊刀嗎？」

你們在費城有那樣的店鋪嗎？問題就是在於：當時，我不知道對上帝虔誠的基礎與在生意上成功的基本原則是完全相同的。說「我無法把信仰運用到生意中」的人，他要麼不善於做生意，要麼正在走向破產，要麼是一個竊賊，三者必居其一。過不了幾年，他就會敗落，如果他無法把信仰運用到生意中，只會遭受失敗。如果我按照基督教的神聖信仰管理父親的店鋪，就會在第三個顧客問及折疊刀的時候，賣一把給他。那樣，我實際上還為他做了一件好事，自身也會得到報償，這是我應該享有的。

有一些過分虔誠的基督徒認為，如果你在出售的東西上賺取利潤，你就是一個邪惡的人。與之相反的，如果你出售的商品價格比成本更低，你又是一個罪人，因為你沒有權利那樣做。你不能把錢託付給一個無法管理自己的錢的人，不能相信一個對妻子不忠誠的人，也不能相信一個不以自己的心靈、個性、生活為起點的人。給第三個或是第二個顧客供應折疊刀並且從中獲利，本來是我的責任。我沒有權利出售商品而不賺取利潤，正如我沒有權利超過其價值的售價來謀取不義之財一樣。我出售的每一批貨物，應該保證可以讓顧客從中獲得與我相等的利益。

自己可以生活以及讓別人也可以生活，是《福音》的原則，也是普通常識。啊，年輕人，聽我說吧：要好好地生活下去，不要等到像我這般年紀才開始享受生活。假如我過去有數百萬美元或是一半（這些年，我一直努力賺得這筆錢），我得到的好處比不上今天晚上我在這個神聖的場所中得到的好處。哦，是的，我今天晚上由於分享自己的想法而獲得超過一百倍的報償，正如這麼多年以來，我在一定程度上始終努力的那樣。我本來不應該這樣說，因為這樣聽起來顯得自負，但是我的年齡夠大了，這樣做是可以被人們接受的。我本來就應該幫助同胞，我也為之盡力了，每個人都應該努力，並且從中獲得幸福。一個人回家的時候，如果偷了一美元，想到自己偷走另一個人依靠誠實勞動獲得的應有報酬，他是不會安寧的。次日早晨起床，他會疲憊不堪，帶著骯髒的良心去上班。雖然他可能有數百萬美元，但是他根本不算是一個成功者。但是如果他一生都在與同胞分享利益，一方面獲得自己的權利，另一方面也給予別人權利，那樣才是真正地生活著，並且走在極其美好的富貴之路上。成千上萬的百萬富翁的經歷，已經證明這一點。

那個說自己在費城賺不到什麼錢的人，一直按照錯誤的原則經營店鋪。假設我明天早上走進你的店鋪，問你：「你認識一二四〇號的那個鄰居嗎？」你回答：「哦，是的，我遇見過他，他在拐角處那家商店做生意。」「他是從哪裡來的？」「不知道。」

「他的家裡有多少人？」「不知道。」「他把票投給誰？」「不知道。」「他上哪個教堂？」「不知道，我也不關心，你問這些問題做什麼？」

假如你在費城有一家店鋪，你會那樣回答嗎？如果是那樣，你就像我在麻薩諸塞州沃辛頓經營我父親的生意一樣。你的新鄰居遷到費城的時候，你不知道他從哪裡來，也不關心那些。然而，如果你對此關心，你現在就會是一個富人。如果你不僅十分關心，而且對他的事情很感興趣，知道他需要什麼，你就會變得很富有。可是你卻到處對別人說：「根本沒有致富的機會」，錯誤就只在於你自己。

此時，另一個年輕人站起來說：「我不能從商。」（我談到「trade」一詞的時候，是指各行各業。）「為什麼你不能從商？」「因為我沒有任何本錢。」唉，真是一個不明事理、軟弱無能的花花公子！這些花花公子站在角落說：「唉，如果我有很多本錢，就會變得非常富有。」真是讓你感到洩氣。「年輕人，你認為有本錢就會變得富有嗎？」「當然！」唔，我說：「當然不會！」如果你的母親有很多錢，她資助你經商，你反而會「資助她開始經商」。（原文set sb up，是指「資助某人開始經商」。這裡暗指那個年輕人有本錢卻不善利用，最後反而把母親牽扯進去。）

如果年輕人得到的金錢數量超過其實際努力應該獲得的數量，他們就已經遭到了詛咒。讓年輕人繼承錢財，對他們並無益處，對他們沒有幫助，但是如果讓他們接受教育，讓他們養成崇高的品格、廣交朋友，擁有令人敬佩的名聲，比給他們錢財更好。把任何錢財留給他們，無論對其個人還是對國家更不利。嗨，年輕人，如果你繼承遺產，不要把它看作是一種幫助。在今後的歲月裡，它將會詛咒你，使你失去人生中最美好的東西。世界上最可憐的一種人，就是我們這一代之中，那些毫無生活經驗的富家子弟。我可憐他們，因為他們根本不知道生活中最美好的東西是什麼。一個青年男子可以自食其力，與某個可愛的女孩訂婚，並且決定建立自己的家庭，這是人生中最美好的一件事情。這份愛情促使他產生神聖的責任感，希望獲得更美好的東西，於是他開始存錢，開始放棄不好的習慣，把錢存入銀行。有了幾百美元的時候，他就會到郊區尋找住房。他也許需要到銀行貸款，之後才可以結婚。他第一次把新娘接進家門的時候，說話的那種口氣，讓我望塵莫及：「我依靠自己得到這個家，它是我的。現在，我要和你一起分享它。」這將是人生中最不平凡的時刻。

但是富家子弟根本無法擁有這樣的體驗，他或許會把新娘帶進一幢更豪華的住宅，然後對妻子說：「那個是我母親給的，那個是我母親給的，那個也是我母親給的。」最後，妻子希望嫁的人不是他，而是他的母親。我可憐他們！

麻薩諸塞州的統計數字顯示：富家子弟在死亡的時候，仍然身價富有的不到十七分之一。我可憐他們，除非他們也像德高望重的范德比爾特那樣明智，此種情況也是時有出現。范德比爾特曾經問父親：「你的錢，都是自己賺來的嗎？」

「是啊，兒子，我最初在一條渡船上工作，每天賺二十五美分。」父親回答。

兒子說：「那麼，我不要你的錢。」

那個星期六晚上，他也去一條渡船上找工作。雖然沒有找到每天賺二十五美分的工作，但是找到一個週薪三美元的工作。毫無疑問，如果一個富家子弟也這樣做，就是受到與貧窮男孩一樣的磨練，比上大學更有價值。只有經過這樣的磨練以後，他才可以妥善管理父親的數百萬財產。可是很多有錢人通常不願意讓自己的兒子做一些使孩子變得不平凡的事情，不願意讓兒子工作，他們的母親更是如此！唉，她認為如果自己養尊處優的兒子必須依靠誠實勞動來維持生計，是很丟臉的。我對這樣的富家子弟，毫無同情之心。

在費城的一次盛宴上，一個友善的青年坐在我的旁邊，對我說：「康維爾先生，你生病了兩三年，所以出去的時候，就坐我的豪華轎車吧，我可以送你到布羅德街的住處。」我非常感謝他，也許我不應該這樣提到此事，但是我應該遵從事實。我上了車，路上我問司機：「這輛豪華轎車多少錢？」「六千八百美元，另外還必須交稅。」他回答。「啊，」我說，「車主自己開過車嗎？」聽到這句話，年輕司機哈哈大笑。這個問題使他感到驚訝，以致他不小心把車子開到人行道上，繞過拐角處的一根燈桿，又回到街上。此時，他又笑著，致使整輛車子抖動起來。他說：「他開車？啊，假如我們到達目的地的時候，他知道怎麼從車裡出去，就很幸運了。」

我要告訴你們，我在尼加拉瀑布那裡遇到一個富家子弟。那天，我演講結束以後來到旅店，走向櫃檯的時候，看見那裡站著一個從紐約來的富豪的兒子。有些人的模樣實在難以形容，他就是其中之一。他斜戴一頂無簷便帽，帽子頂部有一根金製飾針，手臂下夾著一根金頭手杖，其含金量比他頭上的更多。要描述這個年輕人相當困難，他戴著一副看不透的眼鏡，穿著一雙無法行走的漆皮靴和一條難以坐下的褲子，打扮得像一隻蝗蟲。就在我進去的時候，這個「人體玩具」也來到櫃檯前，他調整一下無法看得清晰的眼鏡，開始和服務生說話。瞧，他口齒不清，讓人難以聽懂。他說：「偉（喂），快給我一戲（些）字（紙）和新逢（信封）！」服務生迅速打量他一下，從抽屜裡取出信封和紙，丟給年輕人，又轉過頭去記帳。信封被丟過櫃檯的時候，你們應該看看那個富家子弟的樣子。他像一隻雄火雞似的暴跳如雷，調整那副看不清晰的眼鏡，吼道：「回來！偉（喂），叫一個捕（僕）人把字（紙）和新逢（信封）拿到哪（那）個坐（桌）上。」唉，這個可憐的美國混蛋！只有二十英尺遠，他也無法自己拿過去。我對這種變態的人，毫無憐憫。年輕人，如果你們沒有本錢，我反而覺得高興，你們需要的是常識而非錢幣。

我需要舉出一些眾所周知的事實來說明問題。

史都華（Alexander Turney Stewart）曾經是紐約的一個窮孩子，他憑著一．五美元開始創業。他第一次冒險投機，損失八七．五美分。初次冒險投機就損失錢財，對他而言是多麼幸運。當時，這個孩子說：「我再也不冒險做生意了。」確實如此。他是怎麼損失八七．五美分的？

你們也許都知道這個故事，那是由於他買了一些人們不需要的針線和鈕扣去賣，它們積壓在手上變成「賠錢貨」，他又說：「我再也不這樣損失金錢了。」於是，他挨家挨戶登門拜訪，詢問人們真正需要什麼。得知他們的需求以後，他用剩下的六二．五美分投資，為他們提供需要的商品。無論是在生意和職業或是家務管理上，無論你的生活怎麼樣、選擇做什麼，都需要認真考慮，這是成功的秘密所在。你必須先知道人們的需求，然後把錢用在最需要你投資的東西上。

史都華一直堅持這個原則，使他的財富後來達到四千萬美元，並且擁有沃納梅克先生在紐約開展其偉大事業的那家店鋪。史都華因為有所失而獲得財富，並且從中得到深刻的教訓，明白必須只投資於某種人們需要的事業。作為銷售員，你們何時懂得這一點？作為製造商，你們何時才可以明白，如果要取得人生的成功，就要瞭解人們不斷變化的需求？所有的基督徒們，作為製造商、貿易商、勞動者，全心全意為人們提供需求品吧，這是一個偉大的原則，它像博愛一樣寬廣，像《聖經》一樣深刻。

我聽到的最好例子，就是關於約翰・雅各・阿斯特的故事。我們都知道，他在紐約生活的時候，就為阿斯特家族賺了大錢。他曾經越過大海，因為付路費欠下債務。然而，就是這個身無分文的窮孩子，憑著一個原則，為阿斯特家族賺了許多錢。也許今天晚上某個年輕人會說：「唔，他們可以在紐約那裡賺大錢，但是在費城卻做不到！」朋友們，你們讀過里斯（他剛去世不久，給我們留下美好的名聲）那本極好的書吧，裡面有他根據一八八九年對紐約的一百零七位富翁的情況記錄寫下的統計報告。如果你們讀過這個報告，就會知道在這一百零七位富翁中，只有七位是在紐約賺到大錢的。這一百零七個人之中，當時不動產價值有一千萬美元的，就有六十七個人，而且他們是在居民不到三千五百個人的鎮上賺到錢的。如果你們瞭解不動產的價值，就會知道今天最富裕的美國人從未離開有居民三千五百個人的城鎮。你在哪裡以及你是誰，這都關係不大。

但是假如你在費城無法致富，在紐約也賺不到錢。

約翰・雅各・阿斯特向我們證明，在任何地方都可以把事情辦好。有一家女帽店曾經向他抵押借款，店裡賣出的帽子連支付他的利息都不夠。於是，他取消抵押品贖回權，擁有店鋪，同樣的人用同樣的本錢經營同樣的店鋪。他沒有給他們增添一美元的資金，他們必須賣出商品才可以賺錢。他讓他們還是像過去一樣留在店裡，自己出去坐在公園樹蔭下的椅子上。阿斯特與那些失敗過的人合夥經營店鋪，可是他此時在公園裡做什麼？他正在做著最重要的、在我看來也是最愉快的工作。

阿斯特坐在椅子上，觀察經過的女士們，像他這樣的人，哪有不依靠做這種生意賺錢的？他坐在椅子上，如果某位女士經過的時候，肩膀背對著，頭高高抬起，直視前方，好像即使全世界的人都在盯著她，她也不在乎似的，他就會仔細觀察她戴的帽子，等她消失的時候，他已經知道帽子的形狀、裝飾物的顏色，以及羽飾的皺褶。

有時候，我也會極力描述一頂帽子，但只是偶爾為之，我不願意極力描述一頂現代的帽子。現在，誰可以描述一頂帽子？人們把各種各樣的廢物集中到頭的後部或是脖子旁邊，像一隻只剩下一根羽毛的公雞。但是在阿斯特那個時代，人們在女帽生意方面很講求藝術。他來到女帽店，對店裡的人說：「我向你們描述一種女帽，然後你們把這種女帽做好放在櫥窗裡，因為我已經看見一位女士喜歡它，在我回來以前，不要再增添什麼。」

之後，他又到公園裡坐下，看見另一個體型和膚色與之前那位不同的女士經過，戴著一頂形狀和顏色不同的女帽。「現在，」他對店員說，「把這種女帽做好，放在櫥窗裡。」他沒有在店裡擺滿男女帽子，以致把顧客趕跑，然後自己坐在後面的樓梯上大聲叫罵，因為顧客都到沃納梅克的店鋪買東西了。

他只是把某個女士喜歡的而且尚未大量生產的新式帽子放在櫥窗裡，使得此種女帽立刻變得流行。後來，他們的店鋪成為紐約這個行業中的老大，如今仍然是三家最大的女帽店之一。是阿斯特在他們失敗以後幫助這家店鋪賺錢，他沒有再給他們一些資金，而是在他們造成生產浪費以前，發現女士們喜歡什麼樣的女帽。告訴你們吧，假如一個人可以預見到女帽生意的興旺，他就可以預見天底下的任何事情！

假設我今天晚上從你們之中走過去，問你們在這個以製造業為主的城市裡，是否在製造方面就沒有致富機會，「哦，有的，」某個年輕人會說，「只要樹立信心，只要有兩三百萬美元作為啟動資金。」年輕人，歷史上一些人對「大生意」進行攻擊，使人們失去信心，只是說明小人物的機會就在眼前。這個世界上，再也沒有哪個時候像現在這樣，沒有本錢也可以依靠從事製造業快速致富。

但是你會說：「這是無法做到的！沒有本錢，生意難以啟動。」年輕人，讓我再舉例說明吧！我必須這樣做，這是我對每個年輕人應該盡到的責任，因為不久之後，我們都會遵照同樣的法則開始事業。年輕人，請記住，如果你知道人們的需求，你對於財富的知識比任何數量的本錢給你的更多。

在麻薩諸塞州的欣厄姆鎮，曾經有一個貧窮的失業者。他整天在屋子周圍閒逛，直到有一天，妻子要他出去找工作。由於生活在麻薩諸塞州，他聽從妻子的話。他來到海灣坐在岸邊，把一塊浸濕的木片削製成木鏈。那天晚上，孩子們吵著要它，於是他又削製一條，希望他們不要再吵了。他削製第二條木鏈的時候，一個鄰居走進來說：「你為什麼不削製玩具出售？可以用這個方法賺錢啊！」「哦，」他說，「我不知道要做什麼。」「為什麼你不問問自己的孩子？」「那有什麼用？」木匠問，「我的孩子與別人的孩子不同。」（我在學校教書的時候，經常聽到人們這樣說。）然而，他還是依照鄰居的建議，開始行動。次日早上，女兒瑪麗走下樓梯的時候，他問她：「你想要什麼樣的玩具？」女兒告訴他，自己想要洋娃娃床、洋娃娃洗臉盆、洋娃娃馬車、洋娃娃小傘，於是他將這些東西列單開始工作，因為要供應他們的需要，可能會花費許多時間。他在自己的家裡向孩子們諮詢，用木柴做原料（因為他沒有錢買木料），削製出堅固的、未上漆的「欣厄姆玩具」，後來它們聞名世界。這個人當初是為自己的孩子做玩具，後來他開始複製它們，並且透過隔壁的鞋店出售。他先賺了一些錢，後來賺得多一些，最後羅森先生在他的《瘋狂財源》中說，這個木匠成為老麻薩諸塞州最富有的人，我想這應該是真的。那個人現在的身價高達一億美元，他依照那個原則賺到這麼多錢的時候只有三十四歲。這個原則就是：你可以根據自己的孩子喜歡什麼，判斷出別人的孩子也同樣喜歡，根據自己、妻子、孩子判斷別人的心情，這是在製造業方面走向成功的最佳之路。「唔，」你會說，「難道他當初沒有任何本錢嗎？」是的，有一把小刀，但是我沒有聽說他的小刀是花了錢的。

我在康乃狄克州新不列顛市這樣對聽眾們發表演講的時候，後面第四個座位上的一位女士此時走回家，試圖脫掉身上的衣領，但是領扣被卡在鈕扣孔裡。她把它拋開，說：「我要弄一個比這個更好的衣領。」

她的丈夫卻說：「你今天晚上聽了康維爾說的話，就發現需要改進領扣，想要讓衣領更容易戴上或脫下。人們需要這樣，你就要發大財了。弄出一種新的領扣吧，可以賺大錢啊！」他是在取笑她，也是在取笑我，這真是一件最可悲的事情，它像午夜的陰雲一樣籠罩我，雖然我努力工作了半個多世紀，但是我實際做出的成績是微小的。

儘管你們今天晚上會極漂亮地恭維我，可是我仍然確切地相信在今天晚上聽我演講的人之中，今後會賺到一百萬美元的人不到十分之一。

但是，這不怪我，而是怪你們自己，我是真心誠意這樣說的。假如人們根本不採納我的建議，我說的話有什麼用？那個女人的丈夫嘲笑她的時候，她就決定做出更好的領扣，一個女人下定決心，並且不再猶豫和懷疑，她真的會做到。正是這個新英格蘭女人，發明如今到處可見的壓扣。它最初是一個由彈簧帽附在外面的領扣。只要穿過防水服的人都知道，這種鈕扣只要壓在一起就可以，解開的時候只要拉開，這就是她發明的那種鈕扣。後來，她還發明其他幾種鈕扣，接著進行更多投資，然後合夥經營一些大型工廠。現在，這個女人每年夏天都要乘坐她的私人輪船越過大洋，是的，帶著她的丈夫！假如她的丈夫去世，她也會有足夠的錢，按照最近的報價，買到外國公爵、伯爵，或是類似的某種頭銜。

瞧，我從中給予什麼告誡？雖然我當時不認識她，卻告訴她現在對你們說的話：「你的財富就在身邊，你正在低頭看著它。」她之所以不得不低頭看它，是因為它就在她的下巴下面。

我曾經在報紙上讀到女人從未發明過任何東西這樣的消息。唉，這樣的報紙真是應該重辦。當然，我不是指流言蜚語，而是指機器，如果我是指流言蜚語，男人應該包括在內。假如女人沒有發明過東西，那份報紙絕對不會出現。朋友們，想想吧！女人們，想想吧！你們說自己難以致富，因為你們不是在洗衣店洗衣，就是在縫紉機前縫紉，或是在某台織布機前走來走去；然而，只要沿著正確無誤的方向前進，你們也可以成為百萬富翁。

你們說女人不會發明東西，我要問，是誰發明織出衣服每一針線的提花機？是雅卡爾夫人；印刷滾輪和印刷機也是由農夫的妻子發明的；在南方，是誰發明為美國帶來驚人財富的軋棉機？是格林將軍夫人，她把這個靈感告訴惠特尼先生，惠特尼抓住這個靈感。是誰發明縫紉機？假如我明天走進學校問你們的孩子，他們就會回答：「是埃利亞斯・豪爾。」

內戰時期，埃利亞斯・豪爾就與我在一起，經常待在我的帳篷裡，我也經常聽他說自己的經歷，他用了十四年的時間研製縫紉機。但是有一天，他的妻子下定決心地說，如果他們不立刻發明出什麼東西就會挨餓了，於是她用了兩個小時發明縫紉機。當然，丈夫以自己的名義獲得專利，男人總是這樣。是誰發明割草機和收割機？根據麥考米克先生最近發表的一封密信，發明者是西維吉尼亞州的一個婦女。麥考米克與父親研製收割機徹底失敗並且放棄之後，她把許多剪刀固定在一塊木板邊緣，讓每把剪刀其中的一隻可以活動，然後纏上金屬絲。這樣一來，她將金屬絲往一個方向拉動的時候，剪刀就會闔上；往另一個方向拉動的時候，剪刀就會打開，這就是收割機的基本原理。假如你看看收割機，就會發現它只是由許多剪刀組成。如果女人可以發明收割機，如果女人可以發明提花機、軋棉機，可以發明電車的電閘（進而使電車的出現成為可能），可以發明為美國大量的鋼鐵生產奠定基礎的巨型壓鐵機，就會正如卡內基先生所說：「我們男人」就可以發明天底下的任何東西！我這樣說，是為了鼓勵男人們。

誰是世界上偉大的發明家？這個課題再次擺在我們面前。偉大的發明家就坐在你旁邊，可能你自己就是。「唔，」你們會說，「我有生以來，從來沒有發明過任何東西。」那些偉大的發明家在發現某個重大秘密以前，同樣如此。你認為發明家是一個長著大腦袋或是思維如閃電般迅速的人嗎？都不是。真正的偉人是那些平凡正直又不缺乏常識的人。如果沒有看見他的成績，你不會想到他是一個偉大的發明家。他的鄰居也不認為他很偉大。你從來沒有注意過自己後院的柵欄那裡有什麼偉大的事情。你說鄰居之中沒有偉大的事情，偉大的事情都在別處。偉人總是那麼簡單、平凡、真誠，以致鄰居和朋友們從來都看不出來。

真正的偉大通常是無法識別的，事實也確實如此。你對於偉大的男人和女人一無所知。我曾經寫一篇關於加菲爾將軍的文章，他的一個鄰居知道我時間緊迫，眼見加菲爾將軍家的前門圍了很多人，就把我帶到後門，大聲喊道：「吉姆！吉姆！」片刻以後，「吉姆」就來到後門讓我進去。之後，我順利寫下美國一位重要人物的傳記，然而在鄰居看來，他仍然是過去那個「吉姆」。假如你認識費城的某個大人物，明天遇見他，你也會說：「你好嗎，山姆？」或是說：「早安，吉姆。」你當然會的，確實如此，他們都是平凡而真誠的普通人。

內戰時期，我的一個士兵曾經被判處死刑，我來到華盛頓白宮，有生以來第一次拜見總統。我在等候室，與其他人一起坐在長凳上，秘書詢問我們有什麼願望。他問完以後走進屋裡，然後回到門口示意我過去。我來到接待室，秘書說：「那就是總統辦公室的門，你輕輕敲一下，就可以進去。」朋友們，在我的一生中，從來沒有那麼忐忑不安，秘書又讓我感覺更糟糕，因為他告訴我如何進去，又如何從左邊另一扇門出來，並且把門關上。我獨自站在走廊上，面對總統辦公室的門。我曾經上過戰場，有時候炮彈尖叫著呼嘯而過，我曾經被子彈打中，我總是想要逃跑。一個老人說：「我迎著炮口而上，就像用餐那樣簡單。」我不會給予任何同情。對一個被槍彈擊中而不知道害怕的人，我也無法信任。在安提頓戰役中，炮彈在我們周圍飛來飛去的時候，也沒有那天我走進總統辦公室的時候那麼害怕。但是我終於鼓起勇氣（我也不知道是如何做到的），隔著一定的距離，輕輕地敲門。裡面的人根本沒有來開門，而是大聲地說：「進來吧，請坐！」

然後，我走進去，在一把椅子上坐下，真是希望自己身在歐洲。此時，桌旁的那個人，頭也沒有抬一下。他就是世界上的一位偉人，只是憑藉一個準則，就使他變得偉大。這個準則對我們的城市和社會文明產生巨大的作用，為了這個作用，我寧願貢獻一生。瞧，所有費城的年輕人此刻都面對我，我可以只說一件事情，讓你們都記住。使亞伯拉罕·林肯變得偉大的準則，幾乎被所有人採納。這個準則就是：無論做什麼，只要是必需的，就要全心全意去做，直到把它徹底完成為止。幾乎任何人都可以因此變得偉大。林肯就那樣靠著桌子專心地處理文件，沒有抬頭看我一眼，我卻坐在那裡發抖。最後，他把文件繫上帶子推到一邊，看了對面坐著的我一眼，疲乏的臉上露出笑容。他說：「我是一個大忙人，只有幾分鐘時間。現在，請用最簡短的話，說明你的意圖。」於是，我把情況告訴他，他說：「我已經聽說這件事情，你不必再說什麼了。幾天以前，史坦頓先生才與我談起此事。你可以回去旅店休息，放心吧，總統從來不會簽署槍斃一個年齡不到二十歲的孩子的命令，今後也不會簽署。不管怎樣，你可以對孩子的母親這樣說。」

接著，他問我：「戰地情況怎麼樣？」我回答：「我們有時候覺得洩氣。」他說：「沒關係，我們就要取得勝利了，光明就在眼前！我任期結束以後會感到高興的，那個時候，我和泰德會到伊利諾州春田市（伊利諾州首府）。我在那裡買了一個農場，即使每天只賺二十五美分，我也不在乎。泰德有一支騾隊，我們打算種植洋蔥。」

之後，他問我：「你是在農場長大的嗎？」我回答：「是的，在麻薩諸塞州伯克夏山區。」然後，他把一條腿繞過大椅子的一角說：「我小時候經常聽說，在山裡的人們，要讓羊的鼻子長得尖尖的，以便使牠們可以吃到岩縫裡的草。」他是那麼平易近人，像一個農夫一般，和他在一起，我立刻感到無拘無束。

然後，他拿起另一卷文件，起身對我說：「再見。」於是，我站起來走出屋子。出來以後，我根本沒有意識到自己剛拜見美國總統。但是在幾天以後，我看見人們從亞伯拉罕・林肯的靈柩旁穿過靈堂；我看著這位遇刺總統的面容，不久以前，我拜見過的平易近人的男人，覺得他就是上帝創造出來的領導美國走向徹底自由的一位偉人。可是在鄰居們的眼裡，他只是隔壁的「老亞伯」而已。鄰居們再次為他舉行葬禮，我應邀參加，前去向遺體告別；只見他的靈柩被放入春田市的墓中，老鄰居們圍著墳墓，他們認為他只是「老亞伯」而已，他們當然願意這樣叫他。

你見過一個走路大搖大擺、很了不起的樣子，完全不把工作的普通技工放在眼裡的人嗎？你認為他偉大嗎？他只是一個吹脹的氣球，被自己的一雙大腳阻礙。這樣的人，毫無偉大之處。

誰是偉大的人？一天，我注意到一件極小東西的來歷，它使得一個非常貧困的人得以致富。那是一件可怕的事情，然而由於那次經歷，這個窮人（他並非偉大的發明家或天才）發明一種別針，如今被稱為「安全別針」。就是憑著這種別針，他發了大財，使他的家族成為美國的豪門。

在麻薩諸塞州，有一個窮人曾經在製釘廠工作，由於在三十八歲的時候受傷了，因此只能賺很少的錢。他被安排到辦公室，負責擦掉票據清單上鉛筆寫下的字跡，經常擦得疲乏無力。於是，他把橡皮擦繫在一根棍子的頂端，用它像木工刨刀一樣擦著。此時，他的小女兒走進來，說：「啊，你有專利了，不是嗎？」後來，父親說：「女兒看見我拿起那根棍子把橡皮擦繫到它頂端的時候，她告訴我，那是一個專利，我第一次想到。」之後，他到波士頓去申請專利，如今你們每個口袋裡裝著橡皮頭鉛筆的人，都在向這位富翁支付費用。他沒有任何本錢、任何投資，只有收入，直到成為百萬富翁。

但是，讓我盡快談到另一個更重要的觀點。「看看生活在費城的偉大男女們吧！」那裡的一位先生會站起來說，「我們費城沒有任何偉人。他們不生活在這裡，他們生活在羅馬、聖彼得堡、倫敦、馬拉揚克，或是其他任何地方，就是不生活在我們這裡。」

我現在已經談到自己觀點的核心，談到整個問題的核心，以及演講的中心所在：為什麼費城沒有更多的財富而成為更大的城市？為什麼紐約會超過費城？人們會說：「因為紐約有海港。」為什麼美國的許多其他城市都走在費城的前面？答案只有一個，那就是：因為我們的市民貶低自己的城市。如果地球上某個地方必須向前發展，這個地方一定是費城。要建成一條林蔭大道，人們會貶低它；要創辦更好的學校，人們也會貶低它們；建立一個明智的法規，人們仍然會貶低它：人們總是在貶低提出的改進措施。我只能把這件大錯特錯的事情，擺在美麗的費城面前，我隨時感受到它的友善熱情。我認為，我們應該改變關於費城的思維方式，開始讚美費城發生的事情，讓它們展示在世界的面前，正如芝加哥、紐約、聖路易、舊金山的人們那樣。哦，只要我們的人民有這種精神，我們就可以在費城做許多事情，並且把它們做好！

站起來吧，數以百萬的費城人，相信上帝與自己，相信重大的機會就在這裡而非紐約或波士頓，無論經商還是其他值得一做的任何事情。過去從來沒有這麼好的機會！讓我們開始讚美自己的城市吧！

但是今天晚上這裡另有兩個年輕人，我冒昧提出來，是因為時間已經很晚。一個年輕人會從那裡站起來說：「費城將會產生一個前所未有的偉人。」「哦，是嗎？你何時會變得偉大？」「我被選上擔任某個官職的時候。」年輕人，你不想讀一下政治初級讀本中講到的一課嗎？它說，在我們的政府機構中擔任官職，顯然並非偉大之事。偉人有時候擔任官職，但美國需要的是那些願意服從人民意願的人。美國是由人民統治的國家，只要它存在就是民治又民享的，官員只是人民的公僕。《聖經》說：「僕人不能比主人偉大。」《聖經》又說：「被派遣者不能比派遣者偉大。」國家應該由人民統治，如果這樣，國家的公職不需要更偉大的人。假如美國的偉人擔任公職，在今後的十年裡，我們的國家就會變成一個帝國（這裡，康維爾主要在強調一種民主精神）。

婦女的選舉權即將產生，我也知道許多年輕女性，她們說：「有一天，我要成為美國總統。」我認為，婦女有選舉權是對的，這一定會實現，無論如何，我不會阻礙。不久以後，或許我也要有公職，但是如果對公職的渴望影響婦女投票的意願，我想要在此說出我曾經對年輕男性們說的話：如果你們只獲得投出一票的特權，不會得到任何有價值的東西。人們會對你一無所知，你的影響力幾乎無人察覺。美國不受選票限制，你認為它是受制於選票嗎？它是受制於勢力，受制於支配選票的雄心和進取精神。認為自己要投票是為了獲得公職的婦女，正是犯著一個天大的錯誤。

另一個年輕人會站起來說：「不僅在美國，而且在費城，都會產生偉人。」「是嗎？何時？」「發生大戰的時候，我們在墨西哥機警的等待中遇到麻煩的時候；由於行動不慎，與英國、日本、紐澤西州，或是某個遙遠的國家捲入戰爭的時候。那個時候，我就會大步迎上炮口，在閃光的刺刀中昂首闊步，躍入戰場扯起旗幟，在勝利中把它扛走。我會肩上戴著星形勳章凱旋而歸，國家會給予我任何公職，那個時候，我將會變得偉大。」不，你不會的。你認為有公職以後，你就會變得偉大，但是記住，如果沒有獲得公職以前，你不能變得偉大，獲得公職以後，你也不會變得偉大，那只會是貌似偉大的滑稽模仿。

西班牙戰爭以後，我們在這裡舉行一個「和平紀念會」。西方人不相信，說：「費城的人要五十年以後，才會聽說西班牙戰爭的事情。」有些人看見遊行隊伍沿著布羅德街行進。我當時出門在外，但是家人寫信告訴我，一輛四馬馬車載著霍布森中尉，正好停在我家的前門，人們喊道：「為霍布森歡呼啊！」假如我在場也會歡呼，因為國家給予他的東西遠遠不夠。可是假設我到學校問孩子們：「是誰在聖地牙哥讓梅里馬克號軍艦沉沒？」如果孩子們回答：「是霍布森」，他們撒了一個八分之七的謊。那艘船上另有七位英雄，由於職位不同，他們一直處於西班牙戰火中，霍布森是一個軍官，理應不在前線。這個大廳裡，聚集最有才智的費城人，但是也許沒有一個可以說出另外七位英雄是誰。

我們不應該這樣教歷史，而是應該告訴人們，無論一個人的地位多麼低微，只要他在這個位置上充分盡責，他就像國王一樣，有資格獲得美國人民的尊敬。可是我們沒有這樣做，而是到處告訴人們，所有的戰鬥都是將軍們打的。

我記得，戰爭結束以後，我到南方去拜見羅伯特・李將軍，他是一個優秀的基督徒，如今南北雙方都把他看作是一位偉大的美國人，並且引以為豪。將軍告訴我，關於他的僕人「拉斯圖斯」的事情，這個僕人曾經是一個應徵入伍的黑人士兵。一天，將軍把他叫進去，對他開玩笑：「拉斯圖斯，我聽說你們連隊其餘的戰士全部犧牲了，為什麼你還活著？」拉斯圖斯對將軍眨了一下眼，回答：「因為打仗的時候，我都與將軍們待在後面。」

我還記得另一個事例。如果不是你們去圖書館讀到這篇演講稿的時候，發現它印出來已經有二十五年了，我本來不願意提起它。我曾經緊緊閉上雙眼，瞧啊！我看見自己年輕的時候見到的樣子。是的，他們有時候對我說：「你的頭髮還沒有白；你日夜工作，好像從來不休息；你不會變老的。」但是我閉上眼睛的時候，就像任何一個同齡人那樣，啊，很久以前那些可愛的已故者的面容就會歷歷在目，我知道無論人們說什麼，我已經人到暮年了。

我現在閉上眼睛，回顧在麻薩諸塞州的故鄉，山頂上的牛展場顯現於眼前，還可以看見那裡的馬棚。我可以看見公理教會的教堂，看見鎮公所和山地人的小屋，看見一大群人穿著耀眼的服裝走出來，看見彩旗飄揚、手帕揮舞，甚至聽見樂隊伴奏。我可以看見那群重新入伍的士兵，大步行進在牛展場上。當時，我只是一個孩子，但是已經當上連長，被捧得雄心滿懷，神氣十足，感覺自己像一個被吹得鼓鼓的球，只要一根細紡針，就會使我破得粉碎，可是我卻認為那是世界上最偉大的事情。如果你們想過要成為國王或女王，就去讓市長接見你們吧！

樂隊奏著樂曲，所有的人都出來迎接我們。我帶領隊伍，無比自豪地沿著鎮上的公地行進，走進鎮公所。然後，他們把士兵安排在正中的通道上坐下，讓我坐在前面。大約有一兩百個人湧進鎮公所，圍成一圈站著。接著，官員們走進來，圍成一個半圓形。鎮長坐在講台中間，他以前從來沒有當過官，但他是一個好人，他的朋友們已經告訴我，我可以坐在那裡而不會冒犯他們。他走上來，在自己的位置上坐下，調整他的高度數眼鏡，看看四周，突然發現我坐在前排座位上。於是，他立刻從講台上走過來，請我上去與鎮官員們坐在一起。我上戰場以前，沒有一個鎮官員理睬我，除非讓老師揍我一頓，現在我卻被請到講台上與鎮官員同坐。哎呀！當時，鎮長就是我們的皇帝，是我們的國王。我走上講台的時候，他們給我一把椅子，那裡距離前排有一定的距離。

我坐下以後，市鎮管理委員會主席起身走到桌前，我們以為他要介紹公理教會的牧師（他是鎮上唯一的演說家），請他對歸來的士兵發表演說。可是，朋友們，聽眾發現那個老人竟然要演說的時候，表現出很驚訝的樣子，你們應該看到那個情景。老人以前從來沒有發表過演說，他犯了數百人都會犯的錯誤。這真是奇怪，一個人竟然不知道自己長大以後如果想要成為演說家，年輕的時候就必須學習演說。可是他好像認為，自己只要有官職，就可以成為一個偉大的演說家似的。

此時，他來到前面，手裡拿著已經背好的演講稿，背誦的時候在牧場上走來走去，把牛群都嚇著了。他把演講稿鋪在桌上，以確保可以看到它。他調整自己的眼鏡，俯在演講稿上看了一下，然後回到講台，又拖著沉重的步伐來回走動。你們想像一下當時的情景，就知道他一定對這個問題做過研究，因為他採取一種「演說」的姿勢。他把身體重重地壓在左腳跟上，肩膀往後一揚，稍微把右腳向前伸，打開嗓門，又把右腳以四十五度角向前伸去。朋友們，他就是採取這種姿勢發表演說。有些人對我說：「你沒有誇大其詞嗎？」絕對沒有。我來這裡是傳授經驗而不是說故事，以下就是他演講的情況：

「市民們——」他聽見自己的聲音，手指就變成那樣，兩膝發抖，然後渾身顫抖。他喉嚨哽咽，又來到桌旁看演講稿。然後，他打起精神，握住拳頭，回到原本的位置，說：「市民們，我們是市民，我們很——我們很——我們很——我們很——我們很——我們很高興——我們很高興——我們很高興。我們很高興歡迎這些打仗流血的士兵們回到家鄉。我們特別——我們特別——我們特別——我們特別高興看見這個年輕的英雄（指我）今天來到我們之中。這個富於想像的年輕英雄（朋友們，記住他說的話，如果他沒有說『富於想像的』，我不會太任性地提到它），我們曾經看見這個富於想像的年輕英雄帶領——看見他帶領——帶領——我們曾經看見他帶領部隊展開殊死突圍。我們看見他閃光的——我們看見他閃光的——閃光的——閃光的劍——在揮舞。在陽光下閃耀，此時他向部隊大喊：衝啊！」

天啊，天啊，天啊！那個好心的人多麼不瞭解戰爭。如果他懂得一點戰爭，就應該知道今天晚上這裡任何一個G.A.R.（美國南北戰爭時期的國民軍）的戰友說的話都是真的：在危險時刻，一個步兵團的軍官如果衝到前面，幾乎是犯罪。「我的劍在陽光下閃耀，我向部隊大喊：『衝啊！』」根本沒有這件事情。你們以為我會衝到戰友們前面被敵人打死，或是被自己人打死嗎？那不是一個軍官應該做的事情，實際戰鬥中，軍官應該是在後方。作為一位參謀，我經常騎著馬下火線，戰友們突然被召喚到前線，只聽林中傳來叛軍們的叫喊：「軍官到後面！軍官到後面！」然後，每個軍官都走到二等兵後面，官職越高，距離前線越遠。這並非因為他不勇敢，而是因為戰爭法要求他如此。可是那個老人卻大聲叫道：「我的劍在陽光下閃耀——」在那座房子裡，坐著我連隊的士兵，他們曾經把一個軍官抬過卡羅來納河，以免弄濕他的腳。有些士兵為了弄到一隻豬或雞，走了很遠的路；有些士兵在田納西州的高山裡，被飛過松樹落下的炮彈打死，可是在那個好心人的演說裡，他們幾乎不為人知。他確實也提到他們，但只是順便而已，當前的英雄是那個軍官。國家應該把什麼歸功於他嗎？不，過去不，現在也不。可是為什麼他成為英雄？就是因為那個人犯了一般人犯的同樣錯誤——那個軍官之所以偉大，因為他是一個軍官，其他人只是二等兵。

啊，我那個時候就懂得這個告誡，只要時鐘不停止，我永遠不會忘記這個告誡：偉人不是在於將來獲得某個官職，而是在於用很少的手段做偉大的事情，在個人的平凡生活中實現遠大的目標。一個人如果要真的變得偉大，現在就要在費城變得偉大。他可以讓這個城市有更好的街道、人行道、學校、大學，有更多的喜事和文明，有更多上帝賜予的重要東西，他在任何地方都會是偉大的。讓今天晚上的每個人都記住吧，如果你們再也聽不到我演講：假如你們真的希望變得偉大，就必須從此時此地開始，為自己的城市帶來美好的事情，生活在這裡就可以成為一個好市民；可以使家庭越來越美滿的人，無論他在店裡工作、坐在櫃檯後面做事，還是管理家務，他都是一個可以帶給別人幸福的人；無論他的生活怎麼樣，如果想要在任何地方變得偉大，就要先在自己的家鄉變得偉大。（這一段集中表達作者的中心思想，即從平凡的生活中展現出偉大，只要生活積極向上，對人民、對社會有益，他就是一個偉大的人。）

【附錄】

會花錢，更會賺錢——「算」出來的富人

只要有「閒錢」，就要進行投資

富人只要手中有一些積蓄，就會拿出一部分所謂的「閒錢」來進行投資。不要小看投資的意義，投資可以讓你在四十歲的時候成功致富。隨著年歲的漸長，無論是體力還是精力，我們都無法和那些初涉社會的年輕人抗衡。這個時候，我們擁有的只是時間贈予的經驗，但是這就已經足夠了，經驗和適當的聰明，足以使你透過投資而獲取收益。

吉姆・羅傑斯說：「適當的投資可以避開風險，進而致富。」投資不是把錢從銀行取出來，再放在其他地方那麼簡單，它需要智慧，需要抓住時機。

如果你現在的資產中有一部分閒錢，你又發現一支很有潛力的股票，你應該考慮抽

出一部分閒錢來進行投資。一方面，這份閒錢的投資不會妨礙你的正常生活；另一方面，掌握股票動態，股票很有可能給你帶來可觀的收益，何樂而不為？

如今，全世界的人致富有三個途徑：一是工作，二是創業，三是投資。這三個途徑需要不同的實現條件——如果你現在沒有錢，工作是你必然的選擇；如果你現在小有積蓄，同時又有機靈的頭腦，創業是很有前途的做法；如果你現在已經成功創業，也有寬裕的「閒錢」，投資是你一定要關注的方面，像股票、房地產、基金、國債，都是一些很好的投資方向。

世界各國的富人都有自己獨特的投資風格，尤其是美國和歐洲一些國家。這些國家獨特的投資風格，培養出很多世界頂級的投資大師。索羅斯、彼得•林區、巴菲特，都是受到他們國家投資風格的影響，進而走上投資的道路。

爽快的美國人喜歡直接投資，最不喜歡儲蓄。根據統計，美國的儲蓄率一直在零成長上徘徊。那麼，美國人的錢都花掉了嗎？當然不是，美國人雖然很喜歡旅遊、提前消費，但是他們除了享受以外，還喜歡高收益的投資活動。在資本主義經濟觀念的影響下，金錢的重要性已經在美國人的心中根深蒂固，他們喜歡追逐金錢，喜歡冒險，喜歡風險大的投資。

美國投資天才華倫・巴菲特從小就有投資觀念：五歲的時候，在家中擺地攤兜售口香糖；稍大以後，帶領朋友們到球場撿拾有錢人打過的高爾夫球，然後轉手倒賣；中學的時候，除了利用課餘時間做報童以外，還與朋友們合夥將彈珠台出租給理髮店老闆們，賺取外快；十一歲的時候進入股海，購買人生的第一支股票。

一九四九年，華倫・巴菲特轉入哥倫比亞大學的金融系，拜師於著名的投資學理論學家班傑明・葛拉漢。在班傑明・葛拉漢的指導下，巴菲特如魚得水。葛拉漢教授給巴菲特豐富的知識和訣竅，富有投資天分的巴菲特也成為葛拉漢的得意門生。

一九六二年，巴菲特與合夥人創辦的公司資本達到七百二十萬美元，其中有一百萬美元屬於巴菲特。一九六六年春天，美國股市牛氣沖天，儘管巴菲特的股票都在飛漲，但是他發現很難再找到符合自己標準的廉價股票。巴菲特認為，股票的價格應該建立在企業的業績成長而不是投機的基礎上，所以很多投機家都獲得橫財的時候，巴菲特卻不為所動。

一九六八年，巴菲特公司的股票取得歷史上最好的成績：增長五九％，其資金上升至一・〇四億美元，其中有兩千五百萬美元屬於巴菲特。

一九六八年五月，股市一片凱歌，巴菲特卻清算自己與合夥人公司的全部股票，宣告隱退。隨後不到一年，股市大跌。持續的通貨膨脹和低成長，使美國的經濟進入「停滯性通貨膨脹」時期，美國股市沒有一絲生氣。

這個時候，巴菲特重新回到股市，他因為發現許多的便宜股票而欣喜若狂。

一九七二年，巴菲特發現報刊業的發展前景，暗自在股市上購買《波士頓環球報》和《華盛頓郵報》的股份。因為他的介入，《華盛頓郵報》利潤大增，每年平均增長三五％。十年之後，巴菲特投入的一千萬美元升值為兩億。

一九八〇年，他投入一・二億美元，以每股一〇・九六美元的價格，買進可口可樂七％的股份。一九八五年以後，可口可樂改變經營策略，大量資金投入飲料生產，其股票價格已經漲至五一・五美元，成長將近五倍。

一九九二年，巴菲特以每股七十四美元，買下四百三十五萬股美國高技術國防工業公司──通用動力公司的股票，到了年底，股價上升到一一三美元。巴菲特在半年以前擁有的三億兩千一百九十萬美元的股票，已經價值四億九千一百五十五萬美元。

一九九四年底，已經發展成擁有兩百三十億美元的波克夏工業王國，早已不再是一家紡紗廠，而是變成巴菲特龐大的投資金融集團。根據統計，從一九六五年到一九九四年，巴菲特的股票平均每年增值二六．七七%。

二〇〇七年三月，「股神」華倫．巴菲特旗下的投資旗艦公司──波克夏公司，公布二〇〇六財政年度的業績。資料顯示：公司主要經營的保險業務獲利頗豐，二〇〇六年利潤增長二九．二%，盈利達一一〇．二億美元，每股盈利七一四四美元。

巴菲特被經濟界稱為「最偉大的投資家」，他依靠股票和外匯，成為世界上位於前列的富翁。巴菲特的投資經驗可以歸納為三個：第一，把股票看成許多微型的商業單元；第二，從市場波動中掌握訊息，抓住投資的機會；第三，量力而行，不盲目跟風，購買股票的價格要在自己的承受範圍內。投資不是投機，不要抱持僥倖心理，根據市場訊息，選擇適合自己的投資方向，這樣才可以贏得收益。

美式投資大師秉持以下的投資理念：

第一，如果你準備投資，就要拋棄「過度享樂」的想法。賺錢確實是和消費掛鉤的，可是如果全部用來享受，不進行一些辛苦的投資活動，金錢遲早都會花盡的，以後怎麼辦？所以，想要持續地消費，就要花費心思進行投資活動。

第二，冷靜面對「熱門股票」，不要頭腦發熱，人云亦云。有時候，真理掌握在少數人的手中，大多數人瘋狂購買「熱門股票」的時候，不要再跟著投資，因為下一步的趨勢就是變冷。很多人喜歡盲目地跟風，因此導致投資失敗。想要在投資行業取得成功，必須先把基本功練好，學會利用市場訊息去買進或是賣出，而不是「隨風向而動」。

第三，投資切記不要貪心。貪心會讓人們迷失心智，看不清真實的市場行情。錢自然是越多越好，然而在賺錢的過程中，一定要有自己的立場，不能被貪心影響原本應該清醒的頭腦，該賣就賣，該買就買，不要在猶豫中喪失良機。

第四，學會合作。投資不只是個人的事情，有時候或許牽動一個團體的共同利益，所以不要妄想自己就可以掌握投資趨勢，必須有合作意識，眾志成城。有時候，很多人的意志或許可以扭轉事態，創造奇蹟。

第五，向投資大師學習。一個剛進入投資圈的人，無論知識還是經驗，都是少得可憐。如果你只憑勇氣而闖入，只會傷痕累累，甚至失去性命，所以在投資過程中，向那些投資大師學習是必要的。我們不是提倡完全仿效，強調的是學習，而不是照本宣科。透過投資大師的推薦或培訓，你或許可以找到一條通往財富最近的道路。

第六，投資的時間要盡量拉長。很多人對於投資或許有這樣的誤解：投資是一條見效快速、收益巨大的財富道路，於是他們投入金錢，想要當天就有幾倍的收益。日子一長，他們的投資沒有回報的時候，就會開始埋怨和懷疑，認為自己被矇騙了。這是非常可笑的。投資是一個長期見效的過程，很多人或許因為運氣好，所以短時間就獲得巨大的收益，但這只是一個偶然現象。從大多數投資大師的致富之路看到，那是一個長期的、曲折的過程，要穩住心態，把投資的時間拉長，才可以獲得投資的收益。

相對於爽快的美國人，歐洲人表現出更多的穩重。歐洲投資大師的代表喬治・索羅斯，不斷地強調穩健的投資風格。歐洲理財風格首先表現在喜好儲蓄上。根據統計，歐洲很多家庭都使用人壽保險、住房儲蓄計畫、民眾儲蓄計畫等存款形式。如果需要取款，他們會精明地計算利率，根據利率差異，決定取款順序。

歐洲人買賣股票，每年交易的股票價值控制在一萬五千歐元以內。因為根據稅法，超出的盈利部分要按照比例抽稅。緊急缺錢的時候，他們不會輕易地把投資抽回來，而是把值錢的物品送去政府的「市貸部」典當，這樣不僅可以暫時得到援助，而且還有六%的利息可以收取。

歐洲人的消費比美國人更收斂和理性，他們如果想要外出旅遊，不會頭腦發熱，立刻收拾東西出門，相反地，他們會著手計畫：挑選適合的旅遊時機，避開黃金週，因為旅遊旺季的消費比旅遊淡季貴出一倍多，無論是車費還是門票，都可以節省一筆錢，節省下來的錢，可以進行一些投資。

歐式投資大師告訴我們的投資竅門：

第一，不管有沒有錢，都要學會理財，這是投資的基礎；正確的理財，才可以留下一些錢用來「投資」。想要實現科學理財，首先要學習金融理財的相關知識，然後透過一些實際的理財活動總結經驗，這樣不僅可以讓你的消費更科學，減少鋪張和浪費現象，還可以減少你的負債金額。

第二，投資要結合政治和經濟走向來決定，不要自以為是，盲目投資。許多成功的投資經驗告訴投資者——關注國家的政治和經濟政策，有助於制定優良的投資策略，例如：國家在利率和稅收等方面做出的調整，或是對某個產業實行的優惠政策，都會對個人理財和投資帶來直接或間接的影響。**運用資訊來進行投資，是實現投資收益的前提和保障。**

歐洲著名的投資大師維克多・斯波朗迪曾經以玩撲克牌賺取生活費，據說為了更好地處理撲克牌，他把可以找到的每本關於撲克牌的書都讀過了，很快就瞭解到一個道理：玩牌的時候，要抓住成功的機會，記住每種重要的牌型組合的可能性，對自己有利的時候要勇敢下注，對自己不利的時候要學會放棄。這個道理對於他以後的投資，具有深刻的啟示。

維克多・斯波朗迪最出名的一次預測，是一九八七年九月《巴倫週刊》的投資諮詢報告，宣稱股市已經到達一個頂部，此時正是股市崩盤之前一個月。他指出：股市達到一九八七年八月高點的時候，已經在九十六天之內上漲將近二三%，這個數字正好接近歷史上的漲幅和牛市的中級波動。八月，道瓊工業指數創下新高，但是漲跌股數之比卻出現背離現象。此時，本益比已經達到二十五年以來的最高點，政府債券公司和個人消費債務都達到創下紀錄的程度，所有指標也顯示出股市即將崩潰的警戒訊號。

後來，國務卿貝克與德意志聯邦共和國產生紛爭，德意志聯邦共和國拒絕與之合作，於是貝克宣布美國準備讓美元下跌，進而觸發股市崩盤。此時，所有的投資者想要拋售以美元計價的證券，但是為時已晚。然而，維克多・斯波朗迪已經預料到美元的貶值將會使股市走向崩潰，所以他透過成功預測，又賺了一筆錢。

維克多・斯波朗迪認為，從事投資事業，需要有極度投入的獻身精神以及強烈的進取心，但是這不表示要沒日沒夜地進行交易，還要花一些時間與家人在一起，做一些自己感興趣的事情。也就是說，要正確地看待投資行為，不能盲目地跟風。

走吝嗇路，讓別人去說吧！

「緊緊地看住你的錢包，不要讓你的錢隨意地出去，不要怕別人說你吝嗇。你的錢每花出去一分都有兩分錢利潤的時候，才可以花出去。」

巨富洛克菲勒是這個信條的虔誠遵守者，節約是貫穿他一生的重要理財觀念。

洛克菲勒早年在一家石油公司做焊接工，任務是焊接裝石油的巨大油桶。要焊接就會有焊條的鐵渣掉落，他細心地發現，焊接一個油桶掉落的鐵渣正好是五百零九滴，他心想：要焊接疊得像山一樣高的油桶，會浪費多少焊條啊！於是，他改進焊接的技術和焊接的方法，讓每次掉落的鐵渣正好是五百零八滴。這樣一來，這家石油公司全年節省資金竟然高達五．七億美元！洛克菲勒也因此獲得一次極佳的晉升機會。

他有一些積蓄的時候，就開始自己創業。由於剛開始步入商界的時候，經營步履維艱，很快就花完他辛苦存下來的一些錢。於是，他冥思苦想怎樣才可以發財，卻苦於沒有方法。一天晚上，他從報紙上看到一則廣告，推銷一種發財秘訣。為此，他非常高興，第二天到書店買了一本相關的書籍。他迫不及待地把買來的書打開閱讀，只見書中只有「勤儉」二字，沒有任何內容，這使他大為失望和生氣。後來，他反覆考慮這個「秘訣」的「秘」在哪裡？起初，他認為書店和作者在欺騙他，一本書只有這麼簡單的兩個字，他想要指控他們在欺騙讀者。後來，他越想越覺得此書言之有理。確實，想要發財致富，除了勤儉之外，沒有其他方法。此時，他終於恍然大悟。此後，他將每天應用的錢加以節省和儲蓄，同時加倍努力工作，千方百計地增加一些收入。這樣堅持了五年，他存下八百美元，然後將這筆錢用於經營煤油。在經營中，他精打細算，想辦法節省開支，把盈利中的大部分存起來，到了一定時間，再把它投入石油開發。他按照這個模式發展，如滾雪球一般，使其資本越來越多，生意也越做越大。經過三十多年的「勤儉」經營，洛克菲勒成為美國最大的三個財團之一，其財團下屬的石油公司，年營業額達到一千一百多億美元。

努力賺錢是開源，設法省錢是節流。巨大的財富需要努力才可以得到，也需要杜絕漏洞才可以積聚。

洛克菲勒成為億萬富翁以後，他的經營管理也是以精於節省為特點。他給下屬的要求是：提煉一加侖原油的成本，要計算到小數點以後的第三位。每天早上他上班的時候，會要求公司各個部門呈上一份關於成本和利潤的報表。多年的商業經驗，讓他熟悉成本、銷售，以及損益等各項數字，他經常可以從中發現問題，並且以此為指標，考核每個部門的工作。一八七九年的一天，他質問一個煉油廠的經理：「為什麼你們提煉一加侖原油要花費一九・八四九二美元，東部的一個煉油廠做同樣的工作，只要一九・八四九美元？」正如後人對他的評價，洛克菲勒是統計分析、成本會計、單位計價的先驅，是現今企業的「一塊拱頂石」。

到了老年，有一天，洛克菲勒向自己的秘書借了五美分，他還錢給秘書的時候，秘書不好意思收下，他當即大怒：「記住，五美分是一美元一年的利息！」由此可見，他對於金錢的節儉和計算真是精明。

每一分錢都要用在刀口上

富人從來不會讓自己的支出超過自己的收入，如果支出超過收入，就會被他們視為不正常的現象。他們認為，這樣幾乎就與發財致富絕緣。

一個偶然的機會，一位賣蛋的商人向富翁亞凱德詢問致富的秘訣。

亞凱德笑了笑，向那個自稱很節儉的人問了一個問題：「假使你每天早上收進十個蛋放在蛋籃裡，每天晚上你從蛋籃裡取出九個蛋，結果會如何？」

「時間久了，蛋籃就會滿溢了。」

「這是什麼道理？」

「因為我每天放進的蛋數比取出的蛋數多一個啊！」

「好了，」亞凱德繼續說，「現在，我向你們介紹發財的第一個秘訣，你們要按照我告訴蛋商的發財秘訣去做。因為你把十元收進錢包裡，但是你只取出九元作為費用，表示你的錢包已經開始膨脹，你覺得錢包重量增加的時候，你的心中一定有滿足感。」

「不要以為我說的太簡單而嘲笑我，發財秘訣往往都很簡單。剛開始，我的錢包也是空的，無法滿足我的發財欲望，但是我開始放進十元而只取出九元花用的時候，我的空錢包就開始膨脹。我想，如果你們如法炮製，你們的空錢包也會開始膨脹。」

「現在，讓我來說一個奇妙的發財秘訣，我也說不清它的道理，事實是這樣的：我的支出不超過全部收入九〇%的時候，就會覺得生活過得很好，不像以前那樣窮困。不久，覺得賺錢也比往日容易。可以保守而且只花費全部收入一部分的人，很容易賺得金錢；反過來說，花盡錢包存款的人，他的錢包永遠都是空的。」

「每次我把十元放進錢包的時候，我最多只花費九元。」

有錢人的用錢原則就是這樣，只會把錢用在應該用的地方，他們認為不應該用的地方，一塊錢也不會花出去。以崇尚節儉、愛惜錢財著稱的連鎖商店大王克里奇，他的商店遍及美國五十個州和國外很多地方，他的資產數以億計，但是他的午餐只花費一美元。

有一天，克德石油公司的老闆波爾・克德去參觀一個展覽，在購票處看到一個牌子寫著：「五點以後入場，半價收費。」克德看著手錶是四點四十分，他在入口處等待二十分鐘以後，購買一張半價門票入場，省下〇．二五美元。你們知道嗎，克德公司每年收入上億美元，他之所以節省〇．二五美元，完全是受到他節儉的習慣和精神所支配，這也是他成為富豪的原因之一。

猶太著名的船商斯圖亞特曾經有一句名言，他說：「在經營中，每節省一分錢，就會使利潤增加一分，節省與利潤是成正比的。」

斯圖亞特努力提高舊船的操作等級以取得更高的租金，並且降低燃油和人員的費用。

也許是銀行家出身的緣故，他對於控制成本和費用開支特別重視。他堅持不讓自己的船長耗費公司一分錢，也不允許管理技術方面工作的負責人直接向船塢支付修理費用，原因是他認為他們沒有金錢觀念。因此，水手們稱他是一個「十分討厭、吝嗇的人」。

直到他建立龐大的商業王國，他的這種節省習慣仍然繼續保留。

一位在他身邊服務多年的高級職員曾經回憶說：「在我為他服務的日子裡，他給我的辦事指示都是用手寫的紙條傳達。他用來寫這些紙條的白紙，都是紙質粗劣的信紙，而且寫一張一行的紙條，他會把寫的字撕成一張張紙條送出，這樣一來，一張信紙大小的白紙可以寫出五張『最高指示』。」一張只用了五分之一的白紙，不應該把其餘部分浪費掉，這就是他「能省則省」的原則。

理性花用你的每一分錢

卡恩站在百貨公司的前面，目不暇給地看著形形色色的商品。他的身旁有一位穿著體面的紳士，站在那裡抽著雪茄。

卡恩恭敬地對紳士說：

「你的雪茄很香，好像不便宜吧？」

「二美元一支。」

「好傢伙……你一天抽多少支？」

「十支。」

「天啊！你抽多久了？」

「四十年以前，就開始抽了。」

「什麼，你仔細算算，要是不抽菸，那些錢就可以買下這家百貨公司。」

「你不抽菸？」

「我不抽菸。」

「那麼，你買下這家百貨公司了嗎？」

「沒有。」

「告訴你，這家百貨公司就是我的。」

誰也不能說卡恩不聰明，首先因為他的帳算得很快，立刻算出每天抽十支二美元的雪茄，四十年省下來的錢可以買下一家百貨公司。其次，他瞭解勤儉持家的道理，並且身體力行，從來沒有抽過二美元一支的雪茄。但是誰也不能說卡恩有活智慧，因為他不抽雪茄，也沒有省下可以買下百貨公司的錢。卡恩的智慧是死智慧，紳士的智慧是活智慧，錢是靠錢生出來的，不是靠剋扣自己存下來的。

如果自己擁有金錢，卻守著它們不動，把它們緊緊地握在自己的手裡，這樣是愚蠢的，更是貧窮的。有錢不能花，不正是窮人的表現嗎？一個真正的富人，不只會賺錢，更要會花錢。

學會花錢，也是富人的一個重要特點。世界上最會賺錢的人，都是最會花錢的人。小氣，不是諷刺，這是有錢人的看家本領。精打細算，不隨意花錢，是富翁的真正風度。

然而，在我們的生活中，還會發現另一種現象：越是沒有錢的人，越是出手闊綽。這似乎是一個心理問題，因為許多沒有錢的人容易產生抗拒心理，他們的內心經常在交戰：「難道我只能買這種便宜貨嗎？」自憐就會油然而生，更因為顧慮到別人的眼光而感到不安。所以，他們面對一件商品的時候，考慮虛榮比考慮價格的時候多，沒有錢的自卑感像魔鬼一樣，讓他們猶豫不決，最終屈服於虛榮，勉強買下自己能力無法負擔的東西。於是，社會中有一種怪現象：越是沒有錢的人，越不喜歡廉價品。仔細想想，窮人的虛榮心有時候比富人強，他們會因為隨意花錢而永遠無法存錢。

年輕人經常會愛慕虛榮，剛賺了一些錢，卻要去高級餐廳吃飯；只租得起三坪的房間，卻要傾其所有積蓄去買一輛汽車。試想，這樣的年輕人怎麼可能不窮？越是沒有錢，越是出手闊綽；越是出手闊綽，越是沒有錢，形成一個無法擺脫貧窮的惡性循環。

無論你是富人還是窮人，拋掉那些揮霍無度的愚蠢行為吧！這樣一來，就不會有那麼多世道艱難、稅收太重、不堪重負之類的抱怨。

錢生錢，勝過人生錢——富人喜歡投資

負債用於投資，而非消費

那些世界有名的富人，很少生下來就是富人，大多數是白手起家，經過艱苦的創業，才有今天的輝煌。如何擁有人生的第一桶金，以及如何應用人生的第一桶金，成為如何成為有錢人的關鍵。事實上，很多富人的第一桶金都是透過借貸實現的。借貸不只是窮人找錢的主要途徑，更是富人集金的主要途徑。然而，為什麼有些人透過借貸成為富人，有些人卻越來越窮，不僅沒有賺到錢，反而連返還的本錢也沒有？讓我們來閱讀以下這個故事，看看其中的區別。

在一個村子裡，同時住了兩個窮苦的年輕人。一日，他們共同去鄰村的一個富人家借糧食。路上，他們商量要借什麼，不僅可以填飽今天的肚子，明天也可以不必挨餓。青年甲說：「要填飽肚子，就要借糧食。我太餓了，我要是成功地借來糧食，我要立刻吃下一斤糧食。」青年乙說：「不行！這樣一來，明天我們還是挨餓，我們要借一些可以維持自己生活的東西，不僅可以供給我們明天的生活，而且將來我們富裕了，還要把借來的東西還給富人，要借什麼？」

這個時候，天剛剛亮，公雞開始啼叫，這一叫，給了青年乙靈感。青年乙大聲叫道：「太好了，我想到我們要借什麼了，就借一隻母雞吧，既可以下蛋，還可以產肉。」他們來到富人家中，經過百般的祈求和保證，富人終於同意借給他們一人一隻母雞。

青年乙回到家中，立刻修理雞籠，飼養這隻來之不易的母雞。他雖然很餓，可是想到這隻母雞將來可以帶來的收益，就覺得肚子沒有那麼難受。他把自己昨天捨不得吃的糧食分成小塊來餵這隻母雞，自己喝了一鍋水來填飽肚子。第二天，這隻母雞就給青年乙下了一個雞蛋，青年乙大喜，拿著這個雞蛋，換來一個饅頭和一把小米。他把小米撒在雞籠裡，悉心地照顧這隻母雞，然後安心回屋吃掉那個饅頭。在他的悉心照顧下，這隻母雞的產蛋量越來越多，青年乙賣掉雞蛋，又買來幾隻母雞，他搭建新的雞棚，讓母雞們舒服地成長。他一方面收穫雞蛋來賣錢，另一方面學習如何飼養小雞，這樣他就不必再去買雞，而是讓自己的母雞來孵小雞。一年以後，他的收入越來越多，不僅可以賣雞蛋來賺錢，還把母雞孵出的小雞賣給別人，很快地，他成為村裡有名的富人。為了感謝鄰村富人的一雞之恩，青年乙不僅還回借來的那隻雞，還送給富人一箱雞蛋。

再來看看青年甲，他回到家中，肚子餓得咕咕叫，想起自己在去的路上說的話，心想：都要怪乙，借什麼不好啊，竟然借一隻雞，等牠下蛋，要等到什麼時候，可能我餓死了也吃不到牠下的蛋。當時，要是我不和他一樣，借一些糧食就好了，至少現在不會挨餓！哎呀，怎麼辦！餓死了。看看這隻雞是否可以先下一個蛋，讓我先填飽肚子吧！於是，他也把雞放在籠子中，對著雞說：「下蛋，趕快下蛋！」母雞從鄰村到本村也折騰了半天，同樣是又累又餓，哪裡有力氣再生出雞蛋！牠不滿地「咯咯」叫了兩聲，就縮起腦袋不動了。青年甲左等右等，始終不見母雞生出雞蛋。第二天，他聽說青年乙的母雞生出一個蛋，自己的母雞依然沒有生出雞蛋，他非常生氣，認為這隻母雞有病，自己的肚子又餓得要命，就把那隻可憐的母雞宰掉吃了。那天的青年甲是幸福的，他吃掉一隻雞，然而以後的日子，他還是靠借貸來維持生活。時間久了，人們借給他的東西都有去無回，再也不借他東西，他最終只能靠行乞度日。

同樣貧窮的兩個人，同樣的境遇背景，不同的做法卻換來截然不同的人生：聰明人借雞生蛋，最終成為富人；愚蠢者借雞吃肉，最終淪為乞丐。

這個故事揭示一個理財啟示：借錢是為了生錢，不是為了花錢。對於創業而言，初始資金很重要，但不是每個人生下來就是口裡含著金湯匙。沒有初始資金怎麼辦？只能借，借別人的雞給自己生蛋，才是最便捷的道路。

學會把別人的錢拿來作為自己的資本，為自己創造利潤，才是有錢人的做法。相反地，靠著借來的錢度日，雖然也有幾天的好日子，可是更大的貧窮和痛苦卻還在後面繼續。

在資金流通的市場經濟下，借貸已經不是一件丟臉的事情。很多人或許還處於一種守舊的思想狀態：我不借錢，有多少錢花多少錢，他們只是利用自己的勞動來換取基本的生活保障。有些人非常積極主動地迎合社會的改革，想盡辦法利用可以利用的資源，讓它們為自己的財富累積貢獻力量。

很多人或許都有關於創業的想法，可是因為缺乏資金而放棄這個想法。沒錯，想要創業必須有初始資金，這樣事業才可以轉動起來。然而，不是所有的創業者都是最初就有錢的，他們大多數也是從「借」中走出來的。

同樣是借錢，有些人借了，把錢吃掉了，沒有錢還債；有些人借了，讓錢生錢，成為有名的富翁。

法國作家小仲馬在自己的作品《金錢問題》中說：「商業，這是十分簡單的事情，就是借用別人的資金來賺錢。」

事實上，借貸會在一定程度上給借貸者壓力，在這種壓力下，你或許會收斂自己的消費支出，進而更理性地規劃你的資金，實現科學理財。

美國億萬富翁丹尼爾・路德維希就是意識到這一點，才發達起來的。他到四十歲的時候，還是一貧如洗。後來，他突然意識到借雞生蛋的道理。於是，他先從銀行貸款，買了一艘普通的舊貨輪，把它改裝為油輪，出租出去。然後，他又巧妙地以這艘船做抵押，到銀行借得另一筆貸款，接著又買了一艘貨船，改裝成油輪以後出租。透過這種資金流通方式，短短幾年時間，他的資金累積得越來越多，償還銀行的貸款也越來越容易。他的貸款幾乎還清的時候，他已經擁有幾艘油輪。

後來，為了把事業做得更大，他又有新的投資方向：找人設計和建造一艘船，這艘船還沒有建造的時候，他就找來某家運輸公司，讓它預定租下這艘還在設計中的船。丹尼爾・路德維希用運輸公司與自己簽訂的租船合約，並且以「未來的」租金收入做擔保，順利地從銀行貸出一筆錢，然後用這筆錢來建造這艘船。經過幾年的時間，丹尼爾・路德維希利用船的租金逐漸償還船的貸款，其實相當於這艘船把自己買下來，又把自己送給丹尼爾・路德維希。就這樣，路德維希沒有花一分錢，就成為一艘輪船的主人。

聰明的人總是有聰明的方法讓自己從貧困走向富裕，這其中需要智慧，也需要勇氣

和耐心。學會借雞下蛋，是富翁們百試不爽的絕招，然而使用這招必須非常謹慎，不要輕易地把借來的「雞」吃掉。「心急吃不了熱稀飯」，賺錢是一個巧妙的、需要頭腦和耐心的過程，希望你可以從許多富翁的經歷中總結出真理，成為一個成功的「借雞」者。

充分利用訊息

時間就是金錢，訊息就是財富。在這個資訊爆炸的時代，經濟狀態瞬息萬變，誰可以掌握變化多端的訊息，誰就可以獲得無盡的財富。

提到資訊的掌握，我們必須重新回到彼得・林區的身上，讓我們再次領略這位投資高手的風采。

創立於一九六〇年代初期的麥哲倫基金，在第十年就遇到美國股市崩盤，結果是可怕的，這場股市崩盤差點讓麥哲倫基金遭到滅頂之災。當時，作為麥哲倫基金的主管，彼得・林區發揮自己力挽狂瀾的領袖作用。

由於基金遭到大量贖回，彼得・林區只好對麥哲倫基金採取封閉性措施。根據股市行情，他對麥哲倫基金採取「高周轉率」的策略。根據統計，在彼得・林區擔任基金經理人的第一年中，麥哲倫基金的投資周轉率是三四三%。也就是說，他會在一個普通的工作日買進五千萬美元，同時賣出五千萬美元，後三年的周轉率也保持在三〇〇%以上。讓林區備感欣慰的是，三年對新客戶的封閉期終於為麥哲倫基金贏得休養生息的機會。

封閉期結束的第一年，麥哲倫基金的數額躍升到一億美元，並且重新開始公開發行。這次險些失敗的經歷，讓彼得・林區得到很大的鍛鍊，也讓他深刻體會到，在瞬息萬變的經濟領域中，可以及時掌握可靠的訊息，是多麼的重要。

在之後的十年中，彼得・林區將麥哲倫基金送上登峰造極的位置。根據他回憶，麥哲倫基金重新向社會開放以後的十年之間，其年平均成長率接近三〇%，基金管理的資產擴張到一百四十億美元，公司的投資配額表上從原來的四十種股票增加到一千四百種。基金投資人超過一百萬人，不僅成為富達的旗艦基金，並且成為當時全球資產管理金額最大的基金。

彼得・林區的成功，轟動了整個華爾街：《時代》週刊稱他是全球「第一理財家」，《財富》雜誌稱他為「股票投資領域的最成功者」，基金評級公司更是將彼得・林區評定為「歷史上最傳奇的基金經理人」。

彼得・林區的成功寶典，得益於他不相信理論和市場預測，不依靠技術分析和動態曲線，只憑藉靈通的訊息和準確的調查研究。

彼得・林區面對記者採訪的時候說，他對於一些投資理論和市場預測都是抱持懷疑態度，風險在股市中是無處不在的，既然風險經常存在，股市理論家和預言家的意見就具有可懷疑性，不能只是聽從他們的指揮，要根據捕捉到的訊息做出判斷，否則人云亦云，很容易走進投資陷阱中，彼得・林區也曾經走過這樣的彎路。

那是彼得・林區掌管麥哲倫基金的第一年，他以每股二十六美元的價格，買進華納公司的股票。當時，一位追蹤分析華納公司股票行情的分析師告訴他：「華納公司的股票已經超過其價值，要慎重啊！」起初，彼得・林區沒有接受這個分析師的勸告，堅持自己的想法。因為他已經調查過華納公司，資料顯示公司運作良好。他暗自想著，如果資訊準確，股票必定是上漲的。果然不出他所料，僅僅幾個月以後，華納公司的股票上漲到了三十八美元。

分析師再次警告彼得・林區，認為三十八美元是超過其價值的頂峰，已經沒有空間繼續上漲了。這次，彼得・林區接受分析師的勸告，把自己持有的華納公司股票全部拋出。

然而，華納公司的股票價格一路攀升，最後竟然漲到一百八十美元以上，後來維持在一百七十美元。由於沒有進行詳細的訊息追蹤，彼得・林區失去一個大好機會，他一直對此懊悔不已。經過這次教訓，彼得・林區對那些自以為是的投資專家非常反感，不再輕易相信他們的言論。

彼得・林區不相信那些理論知識以後，就非常注重對投資公司的調查和訊息收集。有一次，他從朋友那裡聽說某玩具公司的股票非常有前景，就親自去那家公司旗下的玩具商店詢問顧客訊息，幾乎所有人都說自己是回頭客。彼得・林區覺得這家公司確實很有前景，於是大量地買進這家公司的股票。據說，彼得・林區在買拉昆塔公司的股票以前，曾經在這家公司經營的汽車旅館裡住了三夜，就是為了進行實地考察和訊息收集。

善於根據訊息判斷投資方向的他，非常留意家人的購物習慣。有一次，他的妻子買了幾件「萊格斯」牌緊身衣，而且對這個商品讚不絕口。彼得・林區敏感地覺得這個品牌很有前景，於是第二天，他買下大量生產緊身衣的漢斯公司的股票，沒過多久，股票價格漲到原始價格的六倍。

縱觀自己多年的投資經歷，彼得・林區說，無論對於誰，是資深的投資者，還是普通的投資者，都需要訊息的輔助，對於那些深奧的理論知識，即使不瞭解，也沒有多大的障礙。只要可以對訊息敏感，再加上一些智慧，就會有巨大的回報。股票投資是一門關於訊息的藝術，不能按照理論生搬硬套。

有些人稱讚彼得・林區的投資就是一個訊息過濾漏斗：他會先買進大批的股票，然後經過訊息分析，把那些優質的、受益大的股票留下來，那些不好的股票迅速濾掉。例如：日本汽車打入美國市場以後，美國三大汽車公司的股票大跌，林區沒有進行詳盡的研究就大量購買這三家公司的股票，等到股價上漲以後又悄悄賣掉，結果他從福特和克萊斯勒兩支股票上分別賺了超過一億美元的利潤，加上從富豪（Volvo）股票賺的七千九百萬美元，使麥哲倫基金再次表現出傲人的成績。

「訊息過濾漏斗」最重要的是訊息過濾功能，它是對好股票、壞股票進行過濾的關鍵，誰具備這個本領，誰就是深諳彼得・林區的投資秘笈，誰就可以像他一樣，透過投資成為一個富人。

許多股票在彼得・林區的投資組合裡只停留一兩個月，他投資組合裡的股票一年至少會評估一次。此外，在林區經營的一千四百多種股票中，其中最大的一百種始終佔其投資金額的一半，可見他對股票過濾的慎重對待。

很多投資者喜歡向彼得・林區提及如何選擇投資對象的問題，彼得・林區的回答生動而具體。他說，投資者擁有股票就像收養孩子一樣，不要貪多，要根據收集到的訊息，挑選最好的股票。業餘投資者最好抽出時間調查八～十二家公司，然後在有條件買賣股票的時候，根據調查的訊息確定投資組合，但是最好控制在五家公司。

彼得・林區還建議：最好避開熱門行業裡的熱門股票，不要人云亦云，否則無法賺到大錢。相反地，那些被冷落的行業裡的好公司是需要關注的。關注才可以換來準確的訊息，依靠訊息才可以知道如何選擇適當的時機買進和賣出股票。

在彼得・林區看來，股票不神秘，只是根據訊息來確定轉捩點，這也是投資的關鍵。在一家公司財務狀況好轉以前的瞬間進行投資，等到轉折真正開始再增加投資，就是最佳的選擇。有些人總是在股市慌亂的時候，隨意地買進或賣出，這是最不明智的做法。

掌握訊息，必須做到又快又準，這樣對於投資致富才有意義。蘇西・歐曼說：「賺錢要趁早。訊息是不等人的，錯過好的時機，或許下一次，就是下一個世紀的事情。」

對於很多從事投資的人而言，巴魯克學院的名號如雷貫耳，這所學院是由華爾街的傳奇人物伯納德・巴魯克創立的。

投資大師巴魯克出生於一八七〇年，最初在紐約的一家經紀公司做一些打雜的工作，之後透過不懈的努力，被迅速提升為公司的合夥人。後來，他傾其所有，購得紐約證券交易所的一個席位，結果不到三十歲就成為百萬富翁。到了一九一〇年的時候，他已經和摩根等富人齊名，成為華爾街屈指可數的大亨。

你或許會想，他為什麼可以在三十歲以前成功？讓我們來看看他是如何掌握訊息進行投資的。

巴魯克二十八歲的時候，有一天，他外出旅遊，在旅途中無意間聽說西班牙艦隊在聖地牙哥被美國海軍殲滅，這表示美西戰爭即將結束。這個消息給了巴魯克靈感，他立刻意識到，如果在第二天的天亮以前趕回辦公室操作，就可以大賺一筆。他立刻趕到火車站，租下一列專車，連夜疾馳，終於在天亮以前趕到辦公室。在其他投資者還沒有獲知關於美西戰爭事件的時候，巴魯克已經果斷出手，發了戰爭財。

美國一九三〇年代的股市崩盤，對全世界投資者的震撼是難以磨滅的，指數從兩千兩百點急挫到兩百五十點，對於全世界的投資者而言，這是滅頂之災。然而，巴魯克卻幸運地逃過這一劫。巴魯克回憶道：「股市崩盤的危機前夕，當時股價飛漲，所有的人都在買進，想要大賺一筆。」然而，巴魯克預感到，或許是應該脫手的時候。

他拿著數據仔細地比對：如果本益比超過十七，就是不祥之兆，即使股市再熱，也應該脫手；相反地，如果本益比低於十，就是要買進的時候。於是，他果斷地拋出自己的股票，避開股市崩盤的災難。

從這次股市崩盤的事件中，巴魯克得到很大的啟示：真正的投資者，都是依靠思考和訊息進行投資，而不是盲目地隨波逐流，或是依循一些投資理論。人云亦云是投資股市的大忌，人們都奔向一個目標的時候，即使有獲利，平均到每個人的手中，估計也所剩無幾。所以，投資絕對不要跟風，要根據訊息悄悄地買進，悄悄地賣出，這樣才可以成功。

巴魯克在總結自我優勢的時候說：「我不聰明，但是我喜歡思考，喜歡收集訊息。我們都看過蘋果從樹上落下來，只有牛頓問為什麼。刮什麼方向的風，我們不必問氣象學家，從飄揚的紅旗就可以知道。」

可見，訊息才是成功投資的指示燈，如果想要透過投資獲得收益，就必須掌握如何獲得以及利用那些訊息的技巧。

投資大師索羅斯也認為，陳舊的經濟理論沒有任何參考價值，必須透過對華爾街的考察，掌握及時的訊息動態，才可以抓住投資的關鍵。現在的經濟市場是不斷變化的，那些固定的數學公式已經無法再描述那些變化多端的股市。正確的投資要立足於經濟和政治的變化而統籌決定。

一九八一年，雷根就任總統，索羅斯嗅出政治調整的味道。他透過對雷根新政策的分析，確信美國的經濟將會開始一個新的循環。於是，索羅斯根據分析得到的結論，果斷地進行投資。

歷史證明索羅斯是明智的，美國的經濟在雷根新政策的刺激下，開始走向繁榮。一九八二年夏天，貸款利率下降，股票不斷上漲，索羅斯的量子基金獲得巨額回報。一九八二年底，量子基金上漲五六・九％，其淨資產從一・九三三億美元猛增至三・〇二八億美元。

隨著美國經濟的發展，美元表現得越來越堅挺，美國的貿易逆差以驚人的速度上升，預算赤字也在逐年增加。索羅斯確信美國正在走向蕭條，一場經濟風暴將會危及美國的經濟。他心想，要確實掌握這次風暴的變動，於是密切地關注政府的決策以及經濟的發展動向。

隨著石油輸出國組織的解體，美國通貨膨脹開始下降，相應利率也在下降，這些都造成美元貶值。索羅斯預測政府將會採取措施支持美元貶值，同時德國馬克和日圓將會升值。

於是，索羅斯根據自己探尋到的訊息，從一九八五年開始，大力投資德國馬克和日圓。一九八五年九月，事態果然朝著索羅斯預測的方向發展：美國新任財政部長詹姆斯・貝克和法國、德意志聯邦共和國、日本、英國的四位財政部長在紐約開會，商討美元貶值問題。最終的結果是：中央銀行必須低估美元價值，迫使美元貶值。那一天的美元貶值差額，使索羅斯一夜之間賺了四千萬美元。接下來的幾個月，美元繼續貶值，索羅斯在這場投資中，賺了大約一・五億美元。

透過以上三位投資大師借助訊息成功致富的故事，可以得出一個結論：訊息就是財富，根據訊息不斷地調整自己的投資方向，才是投資致富的重要途徑之一。

只要值得，就要去冒險

風險大，利潤必然也大，值得去冒險。

冒著經濟風險的膽量，是富人具有的特徵之一。

有人問過一千位高收入者一個簡單的問題：「合理的經濟風險，對於你們在經濟上的成功有多大的重要性？」淨資產在一千萬美元以上的富翁中，有四一％的人回答：「非常重要。」淨資產在一百萬到兩百萬美元的高收入者給出同樣答案的，只有二一％。

願意冒著具有合理回報的經濟風險與淨資產之間，明顯存在重要的聯繫。那些把自己經濟上的成功歸功於冒著經濟風險的人，在投資方面不是瞎撞。他們大多數人認為，把賭博當作自己的經濟來源是一種愚蠢的選擇，大多數的富翁或是那些想要成為富翁的人，絕對不會去玩彩券。大多數人不會去賭博——冒風險者根本不是賭博者。善於經營投資的猶太人往往都熟悉機率論，他們知道可能性和期望值。玩彩券的中獎機會非常小，以至於他們認為，「每個星期用火燒掉幾張美元，也比把錢丟到彩券中更強！」他們知道，在大多數的賭博中，尤其是玩彩券，玩家根本無法知道整體數目，所以也無法知道中獎的可能性或期望值，期望值一定會小於整體彩券的價格。玩家除非買更多的彩券，否則無法增加贏的機會。

只要值得，就要去冒險。這種在風險中淘金的做法，是一種令人折服的投資方法。以下這個案例，可以說明這一點：

一八九八年五月二十一日，亞曼德．哈默出生於美國，他上大學的時候，就開始經營父親留給他的藥廠事業，成果顯著，因此而成為當時美國唯一的百萬富翁大學生。一九二一年，哈默趕赴俄國，成為貿易代理人，聚集巨額財富。一九五六年，五十八歲的哈默收購即將倒閉的西方石油公司，並且成為世界上最大的石油公司的創業者。一九七四年，哈默的西方石油公司年收入達到六十億美元的驚人數字。

哈默一生與東西方政界領導人關係密切，聲譽傳遍全球。

經常有人向哈默請教致富的「魔法」，他們堅持認為，哈默發大財依靠的不僅是勤奮、精明、機智、謹慎之類的品格，一定還有「秘密武器」。

在一次晚會上，有一個人走到哈默的面前，向他請教「致富的秘訣」。哈默皺著眉頭說：「實際上，這沒有什麼，你只要等著俄國爆發革命就可以了。到時候，準備一些棉衣去那裡，到了那裡，就到政府各個貿易部門轉一圈，又買又賣，這些部門大概不會少於兩三百個！」聽到這裡，請教者氣憤地嘟噥幾句，轉身離開了。

其實，這正是一九二〇年代時期，哈默在俄國十三次做生意的精闢概括，其中包含他生意的興隆與衰落，成功與失敗的各種經歷。

一九二一年的俄國，經歷了內戰與災荒，急需救援物資，尤其是糧食。哈默本來可以拿著聽診器，坐在清潔的醫院裡，不愁吃穿地安穩度過一生。

但是他厭惡這種生活，在他的眼裡，似乎那些尚未被人們認識的地方，正是值得自己去冒險、成就偉大事業的戰場。他做出一般人認為是發瘋的選擇，踏上被西方描繪成地獄似的可怕的俄國。當時，俄國被內戰以及外國軍事干涉和封鎖使得經濟蕭條，人民生活十分困難；霍亂、斑疹、傷寒等傳染病和饑荒，嚴重地威脅人們的生命。列寧領導的蘇維埃政權採取重大的決策——新經濟政策，鼓勵吸引外資，重建俄國經濟。但是很多西方人士對俄國充滿偏見和仇視，把蘇維埃政權看作是可怕的怪物。到俄國經商、投資、創辦企業，被稱作「到月球去探險」。

哈默也知道這一點，但是風險大，利潤必然也大，值得去冒險。於是，哈默在飽嘗大西洋中航行的暈船之苦和英國秘密警察糾纏的煩惱之後，終於搭乘火車進入俄國。

沿途景象慘不忍睹：霍亂、斑疹、傷寒等傳染病流行，城市和鄉村到處有無人收殮的屍體；專吃腐屍爛肉的飛禽，在人們的頭頂上盤旋。哈默痛苦地閉上眼睛，但是商人精明的頭腦告訴他：被災荒困擾的俄國，目前最需要的是糧食。他又想到，此時美國糧食豐收，價格已經慘跌到每蒲式耳一美元。農民寧願把糧食燒掉，也不願意以低價送到市場出售。俄國這裡有的是美國需要的可以交換糧食的毛皮、白金、綠寶石，如果可以讓雙方交換，豈不是兩全其美？在一次蘇維埃緊急會議上，哈默獲悉俄國需要大約一百萬蒲式耳的小麥，才可以使烏拉山區的飢民度過災荒。機不可失，哈默立刻向俄國官員建議，從美國運來糧食換取俄國的貨物。雙方很快達成協議，初戰告捷。

沒隔多久，哈默成為第一個在俄國經營租賃企業的美國人。此後，列寧給他更大的特權，讓他負責俄國對美國貿易的代理商。哈默成為美國福特汽車公司、美國橡膠公司、艾利斯-查默斯機械設備公司等三十幾家公司在俄國的總代表。生意越做越大，他的收益也越來越多，他存在莫斯科銀行裡的盧布數額驚人。

第一次冒險，使哈默嘗到巨大的甜頭。於是，「只要值得，不惜成本也要冒險」，成為哈默做生意的最大特色。

開闢多種管道，賺取金錢

在物價飛速上漲的今天，如果只靠一份工作來累積財富，恐怕是天方夜譚，各種消費都在洗劫我們的錢包，不要說累積財富，可能當月的基本消費也無法承擔，即使面對這種困境，生活還是要繼續，不是嗎？所以，只有一份工作的時代，已經成為歷史，當今，身兼多職才是時代的主題。

無數富人的經歷告訴我們：不要放過任何一個賺錢的機會，薪水以外的收入可以讓你更快地成為富人俱樂部的會員。

彼得・林區，麥哲倫基金的創始人，現任美國富達公司第一副總裁，被稱為美國最偉大的基金經理人和投資奇才。

彼得・林區出生於美國波士頓的一個富裕家庭裡，父親曾經是波士頓學院的數學教授。他十歲那年，父親因病去世，全家的生活陷入困境。家人開始縮衣節食，林區也從私立學校轉到公立學校。

為了減輕家庭的經濟壓力，林區在一個高爾夫球場當球童。那個時候，很多企業的老闆都有打高爾夫球的習慣，他們經常在一起討論經濟和投資問題，林區就在他們的談話中，接受股票市場的早期教育。每次的兼職，他不僅賺到錢，還學到無價的知識和經驗。

彼得・林區讀完中學以後，順利考進波士頓學院，即使在學習期間，也沒有放棄兼職球童的工作。大學一年級的時候，林區獲得球童獎學金，加上累積的小費，不僅可以自己支付昂貴的學費，而且還剩下一筆不小的積蓄。

大學二年級，他聽完證券學教授講授的美國空運公司的未來前景以後，立刻從積蓄中拿出一千兩百五十美元，投資於飛虎航空公司的股票。這種股票因為太平洋沿岸國家空中運輸的發展而暴漲。林區憑藉這筆資金，狠狠地賺了一筆外快，這筆錢供他讀完大學，還讀完研究所。

彼得・林區攻讀研究所的時候也沒有閒著，他已經體會到各種兼職給自己帶來的金錢和知識。他利用暑假時間，在富達公司找到一份兼職工作。

那個時候，富達公司在美國發行共同基金的工作中做得非常出色，所以彼得・林區可以在這樣的公司實習，對他而言，機會是非常寶貴的。在富達公司，彼得・林區被分派做企業調查研究和撰寫報告的工作，負責對全國造紙業和出版業公司的真實情況進行實地調查分析。除了比較可觀的實習費以外，他還透過深入接觸股票，認識到股票的真實面目。

後來，他正式進入富達公司工作。一九七四年，彼得・林區升任富達公司的研究主管。一九七七年，彼得・林區被任命為富達公司旗下的麥哲倫基金的主管，從此擁有可以展翅高飛的天空。

回想他以前走過的兼職生涯，不僅給他累積生活所需的資金，還給他帶來很多在日後倍加受用的知識。

現在，依然有很多人狹隘地認為，兼職只是窮人才會去做的工作，這種想法嚴重地毒害他們的求富思維。於是，即使是賺外快的機會幸運地找上他們，他們因為愛面子、怕丟臉，或是害怕辛苦，不願意接受它們。他們依然靠著那些微薄的薪水，勒緊腰帶度日。他們看到別人在享受生活、叱吒股市的時候，只能在旁邊暗自羨慕。

事實上，賺外快已經不是停留在因為沒有錢花用而需要去做的年代。可以賺到外快，不只是一種財源，更是把握機會、獲得知識的途徑。身兼多職，會讓你認識更多的人，接觸更多的工作，體會更多的生活。人生本來就應該是豐富多彩的，如果被一項工作遮住全部的視線，你不覺得那是一件非常可惜的事情嗎？

金融天才喬治．索羅斯說：「現在所有人的收入，只有一個來源，那就是：工作。」這種財務結構有一定的風險，如果你只有一份工作，相當於你的風險高達五〇％，如果你擁有很多份兼職，你的財務風險就會因為兼職的增加而降低。所以，想要擁有穩定的財務結構，就要不斷地努力工作，還要辛勤地身兼多職。

喬治．索羅斯從一九六九年建立「量子基金」至今，創下令人難以置信的業績，以平均每年三五％的綜合成長率，讓華爾街同行望塵莫及。

一九三〇年，喬治．索羅斯出生於匈牙利的布達佩斯一個中上等級的猶太人家庭。他的父親是一位律師，為人精明，很有商業頭腦，對幼時索羅斯的影響極其深遠。父親不僅教導索羅斯要自尊自重、勇於探索，而且向索羅斯灌輸一些超前的理財觀念。

索羅斯在少年時代就盡力表現出自己的與眾不同，他興趣廣泛，在運動方面比較擅長，尤其是游泳、航海、網球，並且喜歡涉獵很多自己沒有接觸過的領域。索羅斯的童年是美好的，直到一九四四年，隨著納粹對布達佩斯的侵略，索羅斯的幸福童年才宣告結束。

一九四七年秋天，十七歲的索羅斯離開匈牙利，準備前往西方國家尋求發展。他先去瑞士的伯恩，然後立刻又去英國的倫敦。在倫敦的時候，他從事很多方面的兼職，但是由於學歷低，所以他從事的兼職含金量也很低。薪水非常低，又缺乏樂趣，於是他對人生有新的決定——繼續求學。一九四九年，索羅斯進入倫敦政治經濟學院繼續學習。

在倫敦政治經濟學院，索羅斯選修諾貝爾經濟學獎得主詹姆士・米德的課程，對他走上經濟之路產生啟蒙的作用。他還學習英國哲學家卡爾・波普爾的課程，透過學習，他瞭解到經濟運作的方式，並且開始思考它與世界經濟的關係。此外，他讀書期間，也沒有放棄做兼職的機會，理論和實踐的結合，讓他把一些經濟現象看得越來越透徹。這些學習和經歷給他豐富的知識，對他建立金融市場運作的新理論，打下堅實的基礎。

一九五三年春天，索羅斯從倫敦政治經濟學院畢業，面臨如何謀生的問題。為了生存，他做過很多工作。剛開始，他選擇推銷手袋的工作，但是他很快發現推銷手袋這份工作沒有發展前景，於是他又開始尋找新的賺錢機會。索羅斯發現參與投資業有可能賺到大錢的時候，立刻發出自薦信給城裡的各家投資銀行。最後，一家公司聘用他擔任實習生，他的金融生涯從此揭開序幕。同時，索羅斯還擔任這家公司的交易員，專門進行黃金和股票的套利交易。雖然這些兼職沒有給他帶來很大的財富，但是卻為他累積千金難買的經驗。

一九五七年，索羅斯帶著自己的全部積蓄五千美元來到紐約，透過熟人的引見，進入另一家公司，成為一個套利交易員，並且從事歐洲證券分析，為美國的金融機構提供諮詢。一九五九年，索羅斯轉入經營海外業務的Wertheim公司，繼續從事歐洲證券業務。幸運的是，Wertheim公司是少數幾個經營海外業務的美國公司之一，因此索羅斯是華爾街上少數幾個在紐約和倫敦之間進行套利交易的交易員，這種寶貴的經歷給他很大的收益。

一九六〇年以後，索羅斯多年兼職獲得的工作經驗，終於得到發揮空間和回報。他經過分析研究發現，由於德國安聯保險公司的股票和房地產投資價格上漲，其股票價值與資產價值相比大打折扣，於是他建議人們購買安聯公司的股票。摩根擔保公司和德雷福斯基金根據索羅斯的建議，購買大量安聯公司的股票。結果如索羅斯所料，安聯公司的股票價值成長三倍，索羅斯因此聲名大噪。

索羅斯一直堅持「穩健經濟理論」，與美國第一理財大師蘇西・歐曼的理論有異曲同工之處。所謂的穩健經濟，就是一個人的資產來源不要期望於一個目標上。道理很簡單，用交通工具做一個比喻，四個輪子的汽車永遠比兩個輪子的自行車跑得穩，而且速度快。對於財富累積也是同樣道理，只靠一個工作來賺錢，錢永遠不會來得穩健而且快速；必須懂得尋找兼職，透過各種外快，提高自己的財富累積速度。

蘇西・歐曼說：「金錢不是骯髒和邪惡的東西，只是看待它的人心有善有惡。金錢永遠是多多益善，這不是拜金，而是對美好生活的追求。」

在生活中，蘇西・歐曼也執行自己的「金錢觀」。據說，如果想要和她共進晚餐，要先付出一萬美元的預約費。或許這個昂貴的預約費，只有這個精明的理財大師才敢要。

蘇西・歐曼絲毫不掩飾自己對金錢的追求，兒時的一些記憶以及家庭教育對她的影響，讓她覺得對金錢的追求是每個有智慧的人迫切想要去做的。這種原始的欲望如果被壓抑，那就是虛偽的。透過正當手段追求金錢，不僅是光明正大的，而且是應該被推崇的。

蘇西・歐曼大學畢業以後，在一家麵包店裡做了七年的服務生。後來，得到一個老主顧的支持，她用借來的五萬美元購買石油股票，結果獲利五千美元。然而，隨著國際石油市場的動盪，她的積蓄又被洗劫一空。她受到很大的打擊，她認識到：如果無法掌握其中的規律，永遠無法獲得主動權，於是她潛心學習，決定成為一位專業的理財師。

從一個服務生到富翁的理財顧問，蘇西・歐曼成為身家億萬的女性，不僅是全世界女性的榜樣，也讓很多男人望塵莫及。蘇西・歐曼被譽為「全球最出色，最有熱情，也是最美麗的個人理財師」，這位傳奇的職業女性在講授理財之道的時候，最喜歡強調的是：「金錢是一件非常好的東西，多多益善，為什麼我們要壓抑自己對它的狂熱？積極地行動，不放過任何一個賺錢的機會，這樣才有成為億萬富翁的可能。」她認為，金錢是不分國度的，雖然各國文化對金錢的理解有差異，各國的個人財務制度以及金融機構的個人產品也有差異，但是整體來說，投資原則是一致的，金錢的意義是一致的，對財富的追求是一致的。

「不積跬步，無以至千里；不積小流，無以成江海。」財富的累積非一日之功，應該是一個漸進的過程。除了一份穩定的工作收入以外，我們還要盡量身兼多職，這些兼職不僅可以加速我們財富累積的過程，同時也可以開闊我們的視野，增長我們的見識，何樂而不為？

只選對的，不選貴的——富人看趨勢賺錢

突破思維定式

在現代社會環境下投資創業，事實上就是創造力的競爭。富人往往可以充分發揮積極性，透過突破思維定式，從「無」中生出「有」，以致給自己帶來滾滾財源。

拿破崙・希爾曾經說過一個故事：

很久以前，一位年邁的鄉村醫生駕著馬車，來到一個小鎮。他把馬拴好之後，悄悄地鑽進一家藥店，和一個年輕店員洽談一筆秘密生意。

一個多小時以後，店員跟著老醫生走近馬車，帶回一個老式銅壺。店員經過檢查以後，掏出一卷鈔票遞給老醫生，這五百美元是年輕店員的全部積蓄。

老醫生給店員一張寫好配方的紙條，紙條的價值究竟有多大，老醫生不知道。這個奇妙的配方可以創造什麼奇蹟，年輕店員也沒有把握。

後來，店員遇到一個年輕美麗的女孩，請她品嘗銅壺中的飲料以後，女孩讚不絕口。最後，這個女孩成為年輕店員的妻子。更重要的是，他們一起用那位老醫生的配方生產飲料，創造巨大的財富。

這種飲料就是當今風靡全世界的可口可樂。

想要激發創造力，就要讓頭腦動起來，突破思維定式。想要獲得利潤，必須長於思索，善於發現，這樣才可以不斷地搶佔商機。

思維定式對人們思考問題有很多好處，不僅可以使思考者省去許多摸索和試探的步驟，縮短思考的時間，提高思維的效率，還可以使思考者在思考過程中感到輕鬆愉快。

思維定式在日常工作和生活中的作用，更是不可低估。有人曾經估計，思維定式可以幫助人們解決每天遇到的九〇％以上的問題。

思維定式卻不利於創新思考，但是經商必須創新思考。只有創新思考，才可以解決在經商過程中遇到的新問題，才可以對舊有的問題採取新的解決方式。

創新思考最主要的是突破思維定式。突破思維定式作為一種創新的思考方法，是指在思考有待解決的問題之時，可以打破常規的思考路徑，獨闢蹊徑地找出解決問題的方法，這就是所謂的「別出心裁」。

以下，我們來看一個別出心裁的致富事例：

在日本川崎市，有一家叫作「岡田屋」的百貨公司。在其他商店只能勉強維持的時候，岡田屋卻長期保持利潤增長，業務不斷擴展，銷售額每年增加。這是為什麼？原來，這家商店的老闆在長期的經營活動中善於觀察，創造許多與眾不同的經營策略和行銷戰術。

在商業零售中，經常有因為零錢不足而無法找錢的問題。岡田屋百貨公司早在一九六一年就想出一個解決問題的方法，既可以解決零錢不足的問題，又可以招徠顧客。這個方法就是在百貨公司的大廳和櫃檯設立「抽獎處」，顧客支付一日圓就可以獲得一次抽獎的機會。顧客購物的時候，經常要求不必找零，而用零錢抽獎。這種別出心裁的手法，不僅滿足顧客用小錢得大獎的投機心理，而且也為商店增加一筆收入。商店正好抓住顧客的心理，每個顧客都樂於到這個商店「購物」和「碰運氣」。

這是一種別出心裁的致富路徑，是一種智力致富。想要投資和做生意，就要讓頭腦動起來。

忙真正值得忙的事情

《羊皮卷》上，記載一個寓言：

一隻蜜蜂和一隻蒼蠅同時掉進一個瓶子裡。在這個瓶子的瓶口處，有一個小口。蜜蜂整日在瓶子的底部轉來轉去，牠充滿希望，一刻不停地咬啊、叮啊，希望自己叮破這個瓶子，然後就可以出去了。結果，三天之後，牠死在瓶子裡。蒼蠅呢，牠在瓶子裡轉了幾圈以後，發現四周很堅固，於是飛到瓶口處，意外地發現那裡有一個小口，就飛了出去。

準確地找到奮鬥的方向，必須把主要的精力放在尋找解決問題的突破口上。像蜜蜂一樣不停地埋頭苦幹，雖然極為勤奮，但是徒勞無功，枉費心機。

窮人終身勞碌卻一無所獲，富人不甚忙碌卻頗為富有，甚至是不勞而獲。後者看似清閒，卻把全部的精力放在自己真正應該投入的地方，他們明白應該在什麼地方投入更多的精力，什麼地方不需要投入精力。前者看似終日奔忙，但是不知道自己真正應該做的事情是什麼，他們的原則是：這是工作，就要完成，至於為何要完成這些工作，怎樣才可以完成這些工作，他們全然不知。在這些問題面前，他們變得糊里糊塗。他們一心想的是：快一點，快一點，再快一點，大量的精力被放在一些不重要的事情上，以致錯過完成重要事情的機會，最後因小失大。

作為世界上最精明的投資者爭奪的寶地，華爾街聚集為數眾多的投資者。許多投資者每天都要緊盯著電腦看行情報價，不放過任何一個可以看到的市場分析和評論文章，因為他們知道，假如錯過任何一個有價值的訊息，就可能失去一次絕佳的發財機會。因此，他們整天待在自己的辦公室裡，緊張地研究和分析各種可能的情況，回家之後，還在不停地思考和預測未來的變化。僅在辦公室裡，他們每個星期至少工作八十個小時以上，然而卻事與願違，他們的投資大多以虧本告終。

與此同時，著名的金融家摩根也在這條街上，但是他與許多的投資者不同。人們大多數時間看見他在休假，或是娛樂，他每個星期的工作時間不到三十個小時。人們大惑不解，問他為何如此輕鬆卻賺到那麼多的錢。他回答：「那其實是工作的一部分，只有遠離市場，才可以更清晰地看透市場。那些每天守在市場上的人，最終會被市場中出現的每個細節影響，失去自己的方向，被市場愚弄。」

摩根賺錢很輕鬆，正如他自己說的那樣，只是艱苦地工作，看不清市場的本來面目，被市場愚弄，當然賺不到錢。摩根在玩樂中，超然於紛繁複雜的市場之外，可以極為冷靜地判斷目前的市場走勢，透過光怪陸離的表面，看清楚目前的問題，這才是摩根的過人之處。拼命地工作，盲目地跟隨，結果就是輸得一塌糊塗。

「有些事情何必自己去做，只要做自己必須做的事情，其他的事情交給別人去做。

一個人如果事必躬親，無論其才華多麼高超，也難以兼顧。」洛克菲勒說，「我永遠信奉：工作越少，賺錢越多。我只做那些需要自己認真思考的事情，這樣才有意義。」

應該出手的時候，就要出手

李嘉誠是聞名海內的華商巨富，尤其是他在地產業的卓越成就，更是讓人們讚歎不已。有些人說：「李嘉誠橫掃香港的產業。」讓我們來看看李嘉誠馳騁於香港地產業的經歷。

一九五〇年代後期，香港的經濟步入繁榮時期，但是人多地少的衝突日益嚴重。李嘉誠果斷地察覺到，投身房地產行業的時機已經到了！於是，從一九五八年開始，他步步為營，有計畫、有選擇地購買房屋和土地。首先，他在香港北角購買一塊土地，建造一座大廈，從此拉開自己做房地產生意的序幕。接著，他又在柴灣購買土地建造大廈，兩座大廈總面積共計十二萬平方英尺，不久即順利出手，獲利頗豐。

一九五〇年代末期，他的智囊團提供的各類訊息顯示：香港即將步入後工業化時代，香港政府將會實行高地價政策。李嘉誠看準趨勢，當機立斷，買下新界屯門鄉的一塊土地建造工廠。一九六〇年代初期，李嘉誠的創辦產業長江公司的塑膠花生產漸入低谷。面對這種形勢，李嘉誠決定改變經營類型，大規模進軍房地產行業，幾天以內，買下上百萬平方公尺的土地和舊樓。不久，香港的地價和房價暴漲，李嘉誠由原來的千萬富翁一躍跨入億萬富翁的行列，成為香港地產業的巨人。

李嘉誠超乎常人的膽識和魄力，尤其表現在一九六〇年代中後期。當時，香港政局不穩，投資驟減，房地產價格猛跌。於是，一些商人拋售房地產，以防萬一。此時，李嘉誠卻與他們完全不同，他把全部資產轉入地產業，而且只買不賣。在別人的眼中，他簡直是愚蠢透頂。李嘉誠卻獨具慧眼：「我看準了不會虧本才敢投資，男子漢大丈夫還怕風險？怕就不要做。」這樣一來，李嘉誠的地產事業進入第二個高峰時期。

當時，一些目光短淺的商人日夜擔心中國會以武力收回香港，於是以低價拋售多年苦心經營的工廠、商號、酒樓、住宅，企圖攜款逃難。李嘉誠卻始終抱持長遠眼光，認為中國絕對不會對香港動武，中國和香港之間不可能爆發戰爭。李嘉誠公開宣稱：「你們大拍賣，我來大收買！以後，你們有追悔莫及的那一天！」於是，他以超低價一座接一座地買進大樓，同時趁著建築材料的價格疲軟之時大興土木，建造許多高樓大廈。

到了一九七〇年代初期，香港的地價再次回升，房價大漲。此時，李嘉誠已經建造許多漂亮的大樓和廠房，不久以後全部出售，賺取巨大的利潤。

作為一個有遠見卓識的企業家，李嘉誠沒有就此裹足不前，而是繼續奮鬥，再創佳績。當時，香港股市存在很多不確定因素，投資股市承擔巨大的風險。李嘉誠孤注一擲，先後發行將近兩千萬張股票，籌集二億多資金，組建「都市地產」公司，與「新鴻基」、「亨隆」等集團公司實行聯營，買入灣仔旁英美菸廠舊址，興建大廈以後，迅速脫手又獲利超過億萬元。

到了一九七二年，李嘉誠已經擁有三十五萬平方英尺的房地產建築，每年租金收入高達三百九十萬港元；他還買下七塊土地，興建大樓。他以八千五百萬港元，買進佔地八六・四萬平方英尺的北角半山風景區，在「賽西湖」地段興建十座高達二十四層的高級住宅，並且將其餘空地建成娛樂休閒度假村。他與新鴻基、亨隆、周大福等集團聯合，買下灣仔海灘的告士打道、英美菸草公司的土地，興建伊莉莎白大廈和洛克大廈。李嘉誠發行的股票已經超過一億股，總共集資三億美元，先後興建幾十座大樓和廠房出售，公司再創淨利潤達五億多元。一九八〇年代末期，地價上漲二十倍之多！此時，李嘉誠已經擁有房屋五百萬平方英尺，與香港政府、英資的置地公司，形成三足鼎立的局面。

與民眾背道而馳

在某些時候，你會在星巴克咖啡館偶遇大衛・赫羅，如果你看見他在零錢罐裡翻找什麼，不要好奇。貴為資金規模五十二億美元的奧克馬克國際基金的投資組合經理，赫羅不是在找零錢為自己的摩卡咖啡買單，而是在搜尋一九二〇年代鑄造的一美分硬幣，其中一些現在已經價值上千美元。沒錯，赫羅的搜尋招惹別人異樣的眼光，但是對赫羅來說，這種做法十分正常，無論是在收藏還是投資方面。

一九九八年，投資者逃離亞洲貨幣危機過後的新興市場的時候，赫羅卻在這些市場大量買進。油價飆升的時候，他又對能源股避之不及。現在，熱錢如潮水般湧入巴西和中國等國家，赫羅對這些市場的投資卻只佔其投資組合的七％。這個四十九歲的「大男孩」說，如果某個股市變得火爆，「人們趨之若鶩，我們退避三舍」。

這種與大多數人背道而馳的方法幫助赫羅——一個土生土長的美國威斯康辛州鄉下人，在過去十年擊敗九九％的同業競爭者。過去十年中，赫羅的基金報酬率幾乎達到每年八％，比摩根史坦利資本國際歐洲、澳洲、遠東指數（MSCI EAFE）高出七個百分點。利特曼-格雷戈里資產管理公司（Litman Gregory）的首席投資長傑瑞米・德古魯特（Jeremy DeGroot）說：「他願意等待，直到全世界都來關注他的想法。」赫羅為這家公司提供諮詢，說明他經常為哪支股票是真正值得投資的問題與其他投資人的意見不同。作為一個愛車人，赫羅把自己購買的股票比喻為ＢＭＷ，而不是極其便宜的南斯拉夫「垃圾」貨。奢侈品零售商歷峰集團（Richemont）在他的眼裡就是ＢＭＷ，這家公司的股票與其他股票相比似乎相當昂貴，但是由於這家公司的獲利能力和在發展中國家的廣泛布局，其股票確實物有所值。

為了給自己的信念尋找依據，赫羅與其工作人員定期到海外拜訪，會見對象不僅包括他們想要投資的公司，還包括這些公司的競爭對手、經銷商、控股股東。最近，雖然赫羅不再宣稱新興市場存在泡沫，但是他認為投資歐洲和日本的績優股是從美國以外國家的經濟增長中獲利的更好選擇。他管理的基金把大約六〇%的資金投資在歐洲市場，儘管這個地區發生債務危機。赫羅認為，貶值的歐元最終會幫助歐洲經濟得到恢復，自己也願意買入那些長期生存能力沒有受到影響的公司股票，他曾經大量買進歷峰集團和西班牙國際銀行（Banco Santander）的股票。

此外，赫羅還繼續持有一部分其投資組合中二〇〇九年戰勝大盤的股票，因為他覺得發行這些股票的公司中，很多已經成功提升自己的競爭力。這個理念也使赫羅與傳統思維格格不入，但是只要他的投資組合可以產生與部分一美分硬幣今日售價相當的增值倍數，他就不會在意。赫羅說：「人們是如此習慣填鴨式教育，你不必害怕與眾不同。」

擁有一雙善於發現的眼睛

投資方向和投資工具不是一成不變、適用終身的。任何投資都是以市場為依託，隨著供需變化不斷發生變化。

如果固守最原始的投資方向和投資策略，不理會投資市場的變化，市場最終一定會拋棄你。不變的是理論，變化的是策略。在瞬息萬變的投資市場裡，富人可以看準市場，不斷發現問題，進而透過發現新的機會，贏得源源不斷的利潤。

勞埃爾．皮科克曾經說：「成功人士的首要象徵，就是他的思維方式。」根據《夷堅志》記載：南宋時期，有一次臨安城失火，殃及池魚，一位姓裴的店主也遭到牽連，但是他沒有立刻救火，而是帶著銀兩和夥計到城外採購建材。火災過後，百廢待興，建材熱銷。此時，這位裴氏商人賺的錢比被燒店鋪的價值多出數倍。管中窺豹，略見一斑，對市場的預見性，是投資者的財富永不乾涸的源泉。

美國人基姆·瑞德年輕的時候，一直從事海洋沉船的尋寶工作。可是有一天，一顆高爾夫球改變他一生的命運。有一天，他看見一個人正在打高爾夫球，由於動作失誤，球被打進高爾夫球場的湖中。此時，基姆的眼前一亮，彷彿看到無限商機。

很快地，他換上潛水衣，帶著打撈工具縱身躍進湖中。正如他所料，這個湖中有大量的高爾夫球。而且，這些球看起來很新，都是人們不小心打到湖裡的。

後來，基姆返回岸上，跟球場經理約定，以每顆高爾夫球十美分的價格，打撈之後再賣給球場。於是，在一天的時間裡，他打撈超過兩千顆球，收入當然也很多，幾乎相當於他以前一個星期的報酬。

看準機會的基姆，每天把打撈出來的球進行清洗，然後噴漆，最後再以低廉的價格賣出。可是不久，越來越多的人看中這個賺錢方式，仿效基姆打撈高爾夫球。

看好市場的基姆再次轉換思路，專職做起回收舊球的生意。於是，他不再下水撈球，而是坐收漁人之利，以略低的收購價格回收舊球，這樣幾乎每天都可以收到大量舊球。現在，他的舊高爾夫球回收利用公司一年的總收入已經超過八百多萬美元。

高爾夫球每天落水，別人視若無睹，可是基姆卻從中看到金錢，看到機會，別人追隨他的賺錢軌跡以後，他又開始調整自己的策略，把不利競爭變為有利財源。

聰明的投資者總是善於創造財富。在當今這個競爭激烈的年代，只有看準趨勢，勇於把握機會，善於調整策略，投資者才會得到巨大的回報。

投資需要開動腦筋，適時調整自己，在平凡之中發現不平凡的賺錢機會。一個懂得追求金錢的投資者，才有可能得到金錢的青睞。

應該放棄的時候，要果斷放棄

欲望無窮無盡，機會卻稍縱即逝。很多時候，為了得到更多而癡心等待，不採取果斷的行動，不僅無法滿足我們的欲望，反而會讓我們失去原本擁有的東西。

一天，依靠炒賣股票致富的巨富列宛，看著自己八歲的兒子在院子裡捕雀。

捕雀的工具很簡單，是一個不大的網子，邊沿是用鐵絲圈成的，整個網子呈圓形，用木棍支起一端。木棍上繫著一根繩子，孩子在立起的圓網下撒完米粒以後，牽著繩子躲在屋內。

過了一會兒，飛來幾隻雀兒，孩子數了數，竟然有十多隻！牠們大概是餓久了，很快就有八隻雀兒走進網子下。列宛示意孩子可以拉繩子，但是孩子沒有拉，他悄悄告訴列宛，要等那兩隻雀兒進去再拉，再等等吧！

等了一會兒，那兩隻雀兒不僅沒有進去，反而走出來四隻雀兒。列宛再次示意孩子趕快拉繩子，但是孩子卻說，別急，再有一隻雀兒走進去就拉繩子。

可是接著，又有三隻雀兒走出來。列宛對他說，如果現在拉繩子，還可以套住一隻雀兒。但是孩子好像對失去的好運不甘心，他說，應該有一些雀兒會回去吧，再等等吧！

終於，最後一隻雀兒也吃飽走出去了，孩子很傷心。

列宛撫摸著兒子的頭，慈愛地對他說：「欲望無窮無盡，機會卻稍縱即逝。很多時候，為了得到更多而癡心等待，不採取果斷的行動，不僅無法滿足我們的欲望，反而會讓我們失去原本擁有的東西。」

如果決定在某項事業上投資，就要制定短期、中期、長期的投資計畫。

短期計畫實施以後，即使發現實際情況與事前預測有出入，可能會感到驚訝但是不要放棄，仍然積極地按照原計畫實施。經過短期計畫的實施以後，即使效果不及預料得好，也要推出第二套計畫，繼續追加投入，設法完成各項策略的實施。第二套計畫深入進行以後，還是沒有達到預期的效果，也沒有確切的事實和依據證明未來會有所好轉，此時就要下定決心，毫不猶豫地放棄這項投資。

成功的經營者認為，放棄已經實施兩套計畫的事業是明智的選擇，即使損失許多投入也無所謂。生意不盡如人意，與其為後來留下後患，影響未來的工作，不如下定決心，及時退場。

在經營活動中，要培養自己忍耐的品格，但這種忍耐是基於划算和有發展前途的投資基礎上。發現不划算或是沒有發展前途的時候，不用說幾個月，哪怕幾天也不要再等待下去。

富商的兒子詹姆斯沾染惡習，像一個花花公子一樣，把父親給他的一筆財產敗光之後，生活難以為繼的時候才知道要努力奮鬥，決定從頭做起。他從哥哥那裡借錢，自己開辦一間藥廠。他親自在藥廠裡負責生產和銷售工作，從早到晚每天工作十八個小時，然後把賺到的一些錢用來擴大生產。幾年以後，他的藥廠極具規模，每年有幾十萬美元的盈利。

經過市場調查和分析研究以後，詹姆斯覺得藥物市場發展前景不大，又瞭解到食品市場前途光明。經過深思熟慮以後，他毅然出讓自己的藥廠，又向銀行借了一些錢，買下一家食品公司。

這家公司專門製造糖果和餅乾以及各種零食，同時經營菸草，雖然它的規模不大，但是經營的品項豐富。詹姆斯買下這家公司以後，在經營管理和行銷策略上進行許多改革。首先，他將產品規格和樣式進行擴展延伸，例如：把糖果延伸到巧克力、口香糖等更多品項；餅乾除了增加品項，細分兒童、成人、老人餅乾以外，還向蛋糕、蛋捲發展。接著，詹姆斯在市場領域上大做文章，除了在法國巴黎經營以外，還在其他城市開設分店，後來還在歐洲許多國家開設分店，形成廣闊的連鎖銷售網。隨著業務的增加，資金變得雄厚，詹姆斯又隨機應變，收購英國和荷蘭的食品公司，使其形成集團。

詹姆斯的成功，正是得益於他當初對藥廠經營前途不佳的理智分析，及時調整經營思路，轉向食品行業。顯而易見，適時放棄也是一種智慧。

心學堂 27

鑽石之地

企劃執行　海鷹文化
作者　羅素・康維爾
譯者　劉麗
美術構成　騾賴耙工作室
封面設計　九角文化/設計
發行人　羅清維
企劃執行　張緯倫、林義傑
責任行政　陳淑貞

出版者　海鴿文化出版圖書有限公司
出版登記　行政院新聞局局版北市業字第780號
發行部　台北市信義區林口街54-4號1樓
電話　02-2727-3008
傳真　02-2727-0603
E-mail　seadove.book@msa.hinet.net

總經銷　知遠文化事業有限公司
地址　新北市深坑區北深路三段155巷25號5樓
電話　02-2664-8800
傳真　02-2664-8801

香港總經銷　和平圖書有限公司
地址　香港柴灣嘉業街12號百樂門大廈17樓
電話　（852）2804-6687
傳真　（852）2804-6409

CVS總代理　美璟文化有限公司
電話　02-2723-9968
E-mail　net@uth.com.tw

出版日期　2024年01月01日　一版一刷
定價　320元
郵政劃撥　18989626　戶名：海鴿文化出版圖書有限公司

國家圖書館出版品預行編目（CIP）資料

鑽石之地：一場價值數百萬美元的傳奇演講！
／ 羅素・康維爾作 ； 劉麗譯.
-- 一版. -- 臺北市 ： 海鴿文化，2024.01
面 ； 公分. --（心學堂；27）
ISBN 978-986-392-511-8（平裝）

1. 成功法　2. 財富

177.2　　112020685

SeaEagle

SeaEagle

SeaEagle

SeaEagle